# は　し　が　き

　平成 29 年 3 月に告示された中学校学習指導要領が，令和 3 年度から全面実施されます。

　今回の学習指導要領では，各教科等の目標及び内容が，育成を目指す資質・能力の三つの柱（「知識及び技能」，「思考力，判断力，表現力等」，「学びに向かう力，人間性等」）に沿って再整理され，各教科等でどのような資質・能力の育成を目指すのかが明確化されました。これにより，教師が「子供たちにどのような力が身に付いたか」という学習の成果を的確に捉え，主体的・対話的で深い学びの視点からの授業改善を図る，いわゆる「指導と評価の一体化」が実現されやすくなることが期待されます。

　また，子供たちや学校，地域の実態を適切に把握した上で教育課程を編成し，学校全体で教育活動の質の向上を図る「カリキュラム・マネジメント」についても明文化されました。カリキュラム・マネジメントの一側面として，「教育課程の実施状況を評価してその改善を図っていくこと」がありますが，このためには，教育課程を編成・実施し，学習評価を行い，学習評価を基に教育課程の改善・充実を図るというPDCAサイクルを確立することが重要です。このことも，まさに「指導と評価の一体化」のための取組と言えます。

　このように，「指導と評価の一体化」の必要性は，今回の学習指導要領において，より一層明確なものとなりました。そこで，国立教育政策研究所教育課程研究センターでは，「幼稚園，小学校，中学校，高等学校及び特別支援学校の学習指導要領等の改善及び必要な方策等について（答申）」（平成 28 年 12 月 21 日中央教育審議会）をはじめ，「児童生徒の学習評価の在り方について（報告）」（平成 31 年 1 月 21 日中央教育審議会初等中等教育分科会教育課程部会）や「小学校，中学校，高等学校及び特別支援学校等における児童生徒の学習評価及び指導要録の改善等について」（平成 31 年 3 月 29 日付初等中等教育局長通知）を踏まえ，このたび「『指導と評価の一体化』のための学習評価に関する参考資料」を作成しました。

　本資料では，学習評価の基本的な考え方や，各教科等における評価規準の作成及び評価の実施等について解説しているほか，各教科等別に単元や題材に基づく学習評価について事例を紹介しています。各学校においては，本資料や各教育委員会等が示す学習評価に関する資料などを参考としながら，学習評価を含むカリキュラム・マネジメントを円滑に進めていただくことで，「指導と評価の一体化」を実現し，子供たちに未来の創り手となるために必要な資質・能力が育まれることを期待します。

　最後に，本資料の作成に御協力くださった方々に心から感謝の意を表します。


　　令和 2 年 3 月


国 立 教 育 政 策 研 究 所

教育課程研究センター長

笹　井　弘　之

# 目次

　※本冊子については，改訂後の常用漢字表（平成22年11月30日内閣告示）に基づいて表記してい
　　ます。（学習指導要領及び初等中等教育局長通知等の引用部分を除く）

# 第1編

## 総説

# 第1編　総説

本編においては，以下の資料について，それぞれ略称を用いることとする。

---

答申：「幼稚園，小学校，中学校，高等学校及び特別支援学校の学習指導要領等の改善
　　　及び必要な方策等について（答申）」　平成28年12月21日　中央教育審議会

報告：「児童生徒の学習評価の在り方について（報告）」　平成31年1月21日　中央教
　　　育審議会　初等中等教育分科会　教育課程部会

改善等通知：「小学校，中学校，高等学校及び特別支援学校等における児童生徒の学習
　　　評価及び指導要録の改善等について（通知）」　平成31年3月29日　初等中等
　　　教育局長通知

---

## 第1章　平成29年改訂を踏まえた学習評価の改善

### 1　はじめに

　学習評価は，学校における教育活動に関し，児童生徒の学習状況を評価するものである。答申にもあるとおり，児童生徒の学習状況を的確に捉え，教師が指導の改善を図るとともに，児童生徒が自らの学びを振り返って次の学びに向かうことができるようにするためには，学習評価の在り方が極めて重要である。

　各教科等の評価については，学習状況を分析的に捉える「観点別学習状況の評価」と「評定」が学習指導要領に定める目標に準拠した評価として実施するものとされている[1]。観点別学習状況の評価とは，学校における児童生徒の学習状況を，複数の観点から，それぞれの観点ごとに分析する評価のことである。児童生徒が各教科等での学習において，どの観点で望ましい学習状況が認められ，どの観点に課題が認められるかを明らかにすることにより，具体的な学習や指導の改善に生かすことを可能とするものである。各学校において目標に準拠した観点別学習状況の評価を行うに当たっては，観点ごとに評価規準を定める必要がある。評価規準とは，観点別学習状況の評価を的確に行うため，学習指導要領に示す目標の実現の状況を判断するよりどころを表現したものである。本参考資料は，観点別学習状況の評価を実施する際に必要となる評価規準等，学習評価を行うに当たって参考となる情報をまとめたものである。

　以下，文部省指導資料から，評価規準について解説した部分を参考として引用する。

---

[1] 各教科の評価については，観点別学習状況の評価と，これらを総括的に捉える「評定」の両方について実施するものとされており，観点別学習状況の評価や評定には示しきれない児童生徒の一人一人のよい点や可能性，進歩の状況については，「個人内評価」として実施するものとされている。（P.6～11に後述）

> ### （参考）評価規準の設定（抄）
>
> （文部省「小学校教育課程一般指導資料」（平成 5 年 9 月）より）
>
> 　新しい指導要録（平成 3 年改訂）では，観点別学習状況の評価が効果的に行われるようにするために，「各観点ごとに学年ごとの評価規準を設定するなどの工夫を行うこと」と示されています。
>
> 　これまでの指導要録においても，観点別学習状況の評価を適切に行うため，「観点の趣旨を学年別に具体化することなどについて工夫を加えることが望ましいこと」とされており，教育委員会や学校では目標の達成の度合いを判断するための基準や尺度などの設定について研究が行われてきました。
>
> 　しかし，それらは，ともすれば知識・理解の評価が中心になりがちであり，また「目標を十分達成（＋）」，「目標をおおむね達成（空欄）」及び「達成が不十分（－）」ごとに詳細にわたって設定され，結果としてそれを単に数量的に処理することに陥りがちであったとの指摘がありました。
>
> 　今回の改訂においては，学習指導要領が目指す学力観に立った教育の実践に役立つようにすることを改訂方針の一つとして掲げ，各教科の目標に照らしてその実現の状況を評価する観点別学習状況を各教科の学習の評価の基本に据えることとしました。したがって，評価の観点についても，学習指導要領に示す目標との関連を密にして設けられています。
>
> 　このように，学習指導要領が目指す学力観に立つ教育と指導要録における評価とは一体のものであるとの考え方に立って，各教科の目標の実現の状況を「関心・意欲・態度」，「思考・判断・表現」，「技能・表現（または技能）」及び「知識・理解」の観点ごとに適切に評価するため，「評価規準を設定する」ことを明確に示しているものです。
>
> 　「評価規準」という用語については，先に述べたように，新しい学力観に立って子供たちが自ら獲得し身に付けた資質や能力の質的な面，すなわち，学習指導要領の目標に基づく幅のある資質や能力の育成の実現状況の評価を目指すという意味から用いたものです。

## 2　平成 29 年改訂を踏まえた学習評価の意義

### （1）学習評価の充実

　平成 29 年改訂小・中学校学習指導要領総則においては，学習評価の充実について新たに項目が置かれた。具体的には，学習評価の目的等について以下のように示し，単元や題材など内容や時間のまとまりを見通しながら，児童生徒の主体的・対話的で深い学びの実現に向けた授業改善を行うと同時に，評価の場面や方法を工夫して，学習の過程や成果を評価することを示し，授業の改善と評価の改善を両輪として行っていくことの必要性を明示した。

> ・生徒のよい点や進歩の状況などを積極的に評価し，学習したことの意義や価値を実感できるようにすること。また，各教科等の目標の実現に向けた学習状況を把握する観点から，単元や題材など内容や時間のまとまりを見通しながら評価の場面や方法を工夫して，学習の過程や成果を評価し，指導の改善や学習意欲の向上を図り，資質・能力の育成に生かすようにすること。
> ・創意工夫の中で学習評価の妥当性や信頼性が高められるよう，組織的かつ計画的な取組を推進するとともに，学年や学校段階を越えて生徒の学習の成果が円滑に接続されるように工夫すること。

（中学校学習指導要領第1章総則　第3教育課程の実施と学習評価　2学習評価の充実）
（小学校学習指導要領にも同旨）

## （2）カリキュラム・マネジメントの一環としての指導と評価

　　各学校における教育活動の多くは，学習指導要領等に従い児童生徒や地域の実態を踏まえて編成された教育課程の下，指導計画に基づく授業（学習指導）として展開される。各学校では，児童生徒の学習状況を評価し，その結果を児童生徒の学習や教師による指導の改善や学校全体としての教育課程の改善等に生かしており，学校全体として組織的かつ計画的に教育活動の質の向上を図っている。このように，「学習指導」と「学習評価」は学校の教育活動の根幹に当たり，教育課程に基づいて組織的かつ計画的に教育活動の質の向上を図る「カリキュラム・マネジメント」の中核的な役割を担っている。

## （3）主体的・対話的で深い学びの視点からの授業改善と評価

　　指導と評価の一体化を図るためには，児童生徒一人一人の学習の成立を促すための評価という視点を一層重視し，教師が自らの指導のねらいに応じて授業での児童生徒の学びを振り返り，学習や指導の改善に生かしていくことが大切である。すなわち，平成29年改訂学習指導要領で重視している「主体的・対話的で深い学び」の視点からの授業改善を通して各教科等における資質・能力を確実に育成する上で，学習評価は重要な役割を担っている。

## （4）学習評価の改善の基本的な方向性

　　（1）〜（3）で述べたとおり，学習指導要領改訂の趣旨を実現するためには，学習評価の在り方が極めて重要であり，すなわち，学習評価を真に意味のあるものとし，指導と評価の一体化を実現することがますます求められている。
　　このため，報告では，以下のように学習評価の改善の基本的な方向性が示された。
　　① 児童生徒の学習改善につながるものにしていくこと
　　② 教師の指導改善につながるものにしていくこと
　　③ これまで慣行として行われてきたことでも，必要性・妥当性が認められないものは見直していくこと

## 3　平成 29 年改訂を受けた評価の観点の整理

　平成 29 年改訂学習指導要領においては，知・徳・体にわたる「生きる力」を児童生徒に育むために「何のために学ぶのか」という各教科等を学ぶ意義を共有しながら，授業の創意工夫や教科書等の教材の改善を引き出していくことができるようにするため，全ての教科等の目標及び内容を「知識及び技能」，「思考力，判断力，表現力等」，「学びに向かう力，人間性等」の育成を目指す資質・能力の三つの柱で再整理した（図 1 参照）。知・徳・体のバランスのとれた「生きる力」を育むことを目指すに当たっては，各教科等の指導を通してどのような資質・能力の育成を目指すのかを明確にしながら教育活動の充実を図ること，その際には，児童生徒の発達の段階や特性を踏まえ，資質・能力の三つの柱の育成がバランスよく実現できるよう留意する必要がある。

図 1

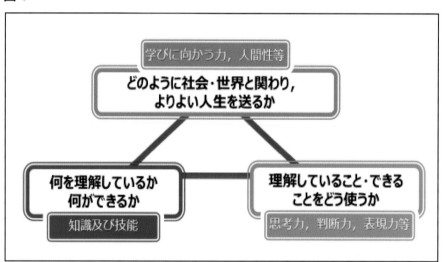

　観点別学習状況の評価については，こうした教育目標や内容の再整理を踏まえて，小・中・高等学校の各教科を通じて，4 観点から 3 観点に整理された。（図 2 参照）

図 2

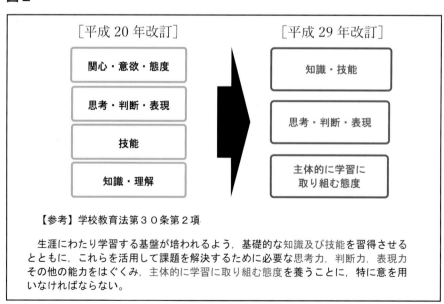

## 4 平成29年改訂学習指導要領における各教科の学習評価

　各教科の学習評価においては，平成29年改訂においても，学習状況を分析的に捉える「観点別学習状況の評価」と，これらを総括的に捉える「評定」の両方について，学習指導要領に定める目標に準拠した評価として実施するものとされた。改善等通知では，以下のように示されている。

---

【小学校児童指導要録】

　［各教科の学習の記録］

Ⅰ　観点別学習状況

　　学習指導要領に示す各教科の目標に照らして，その実現状況を観点ごとに評価し記入する。その際，

　　　　「十分満足できる」状況と判断されるもの：A

　　　　「おおむね満足できる」状況と判断されるもの：B

　　　　「努力を要する」状況と判断されるもの：C

　のように区別して評価を記入する。

Ⅱ　評定（第3学年以上）

　　各教科の評定は，学習指導要領に示す各教科の目標に照らして，その実現状況を，

　　　　「十分満足できる」状況と判断されるもの：3

　　　　「おおむね満足できる」状況と判断されるもの：2

　　　　「努力を要する」状況と判断されるもの：1

　のように区別して評価を記入する。

　　評定は各教科の学習の状況を総括的に評価するものであり，「観点別学習状況」において掲げられた観点は，分析的な評価を行うものとして，各教科の評定を行う場合において基本的な要素となるものであることに十分留意する。その際，評定の適切な決定方法等については，各学校において定める。

---

【中学校生徒指導要録】

（学習指導要領に示す必修教科の取扱いは次のとおり）

　［各教科の学習の記録］

Ⅰ　観点別学習状況（小学校児童指導要録と同じ）

　　学習指導要領に示す各教科の目標に照らして，その実現状況を観点ごとに評価し記入する。その際，

　　　　「十分満足できる」状況と判断されるもの：A

　　　　「おおむね満足できる」状況と判断されるもの：B

　　　　「努力を要する」状況と判断されるもの：C

　のように区別して評価を記入する。

Ⅱ　評定

　　各教科の評定は，学習指導要領に示す各教科の目標に照らして，その実現状況を，

「十分満足できるもののうち，特に程度が高い」状況と判断されるもの：5

「十分満足できる」状況と判断されるもの：4

「おおむね満足できる」状況と判断されるもの：3

「努力を要する」状況と判断されるもの：2

「一層努力を要する」状況と判断されるもの：1

のように区別して評価を記入する。

　評定は各教科の学習の状況を総括的に評価するものであり，「観点別学習状況」において掲げられた観点は，分析的な評価を行うものとして，各教科の評定を行う場合において基本的な要素となるものであることに十分留意する。その際，評定の適切な決定方法等については，各学校において定める。

　また，観点別学習状況の評価や評定には示しきれない児童生徒一人一人のよい点や可能性，進歩の状況については，「個人内評価」として実施するものとされている。改善等通知においては，「観点別学習状況の評価になじまず個人内評価の対象となるものについては，児童生徒が学習したことの意義や価値を実感できるよう，日々の教育活動等の中で児童生徒に伝えることが重要であること。特に『学びに向かう力，人間性等』のうち『感性や思いやり』など児童生徒一人一人のよい点や可能性，進歩の状況などを積極的に評価し児童生徒に伝えることが重要であること。」と示されている。

　「3　平成29年改訂を受けた評価の観点の整理」も踏まえて各教科における評価の基本構造を図示化すると，以下のようになる。（図3参照）

**図3**

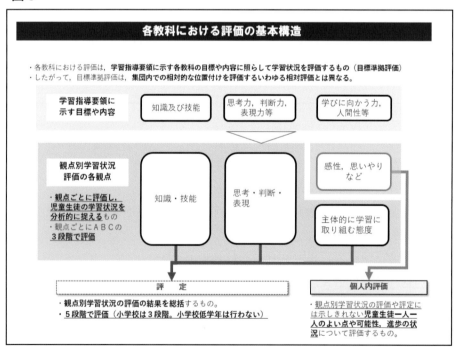

上記の，「各教科における評価の基本構造」を踏まえた3観点の評価それぞれについて

の考え方は，以下の（1）〜（3）のとおりとなる。なお，この考え方は，外国語活動（小学校），総合的な学習の時間，特別活動においても同様に考えることができる。

### （1）「知識・技能」の評価について

　「知識・技能」の評価は，各教科等における学習の過程を通した知識及び技能の習得状況について評価を行うとともに，それらを既有の知識及び技能と関連付けたり活用したりする中で，他の学習や生活の場面でも活用できる程度に概念等を理解したり，技能を習得したりしているかについても評価するものである。

　「知識・技能」におけるこのような考え方は，従前の「知識・理解」（各教科等において習得すべき知識や重要な概念等を理解しているかを評価），「技能」（各教科等において習得すべき技能を身に付けているかを評価）においても重視してきたものである。

　具体的な評価の方法としては，ペーパーテストにおいて，事実的な知識の習得を問う問題と，知識の概念的な理解を問う問題とのバランスに配慮するなどの工夫改善を図るとともに，例えば，児童生徒が文章による説明をしたり，各教科等の内容の特質に応じて，観察・実験したり，式やグラフで表現したりするなど，実際に知識や技能を用いる場面を設けるなど，多様な方法を適切に取り入れていくことが考えられる。

### （2）「思考・判断・表現」の評価について

　「思考・判断・表現」の評価は，各教科等の知識及び技能を活用して課題を解決する等のために必要な思考力，判断力，表現力等を身に付けているかを評価するものである。

　「思考・判断・表現」におけるこのような考え方は，従前の「思考・判断・表現」の観点においても重視してきたものである。「思考・判断・表現」を評価するためには，教師は「主体的・対話的で深い学び」の視点からの授業改善を通じ，児童生徒が思考・判断・表現する場面を効果的に設計した上で，指導・評価することが求められる。

　具体的な評価の方法としては，ペーパーテストのみならず，論述やレポートの作成，発表，グループでの話合い，作品の制作や表現等の多様な活動を取り入れたり，それらを集めたポートフォリオを活用したりするなど評価方法を工夫することが考えられる。

### （3）「主体的に学習に取り組む態度」の評価について

　答申において「学びに向かう力，人間性等」には，①「主体的に学習に取り組む態度」として観点別学習状況の評価を通じて見取ることができる部分と，②観点別学習状況の評価や評定にはなじまず，こうした評価では示しきれないことから個人内評価を通じて見取る部分があることに留意する必要があるとされている。すなわち，②については観点別学習状況の評価の対象外とする必要がある。

　「主体的に学習に取り組む態度」の評価に際しては，単に継続的な行動や積極的な発言を行うなど，性格や行動面の傾向を評価するということではなく，各教科等の「主体的に学習に取り組む態度」に係る観点の趣旨に照らして，知識及び技能を習得したり，

思考力，判断力，表現力等を身に付けたりするために，自らの学習状況を把握し，学習の進め方について試行錯誤するなど自らの学習を調整しながら，学ぼうとしているかどうかという意思的な側面を評価することが重要である。

　従前の「関心・意欲・態度」の観点も，各教科等の学習内容に関心をもつことのみならず，よりよく学ぼうとする意欲をもって学習に取り組む態度を評価するという考え方に基づいたものであり，この点を「主体的に学習に取り組む態度」として改めて強調するものである。

　本観点に基づく評価は，「主体的に学習に取り組む態度」に係る各教科等の評価の観点の趣旨に照らして，

①　知識及び技能を獲得したり，思考力，判断力，表現力等を身に付けたりすることに向けた粘り強い取組を行おうとしている側面

②　①の粘り強い取組を行う中で，自らの学習を調整しようとする側面

という二つの側面を評価することが求められる[2]。（図4参照）

　ここでの評価は，児童生徒の学習の調整が「適切に行われているか」を必ずしも判断するものではなく，学習の調整が知識及び技能の習得などに結び付いていない場合には，教師が学習の進め方を適切に指導することが求められる。

　具体的な評価の方法としては，ノートやレポート等における記述，授業中の発言，教師による行動観察や児童生徒による自己評価や相互評価等の状況を，教師が評価を行う際に考慮する材料の一つとして用いることなどが考えられる。

図4

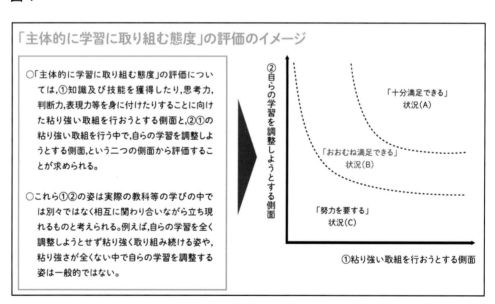

[2] これら①②の姿は実際の教科等の学びの中では別々ではなく相互に関わり合いながら立ち現れるものと考えられることから，実際の評価の場面においては，双方の側面を一体的に見取ることも想定される。例えば，自らの学習を全く調整しようとせず粘り強く取り組み続ける姿や，粘り強さが全くない中で自らの学習を調整する姿は一般的ではない。

　なお，学習指導要領の「2　内容」に記載のない「主体的に学習に取り組む態度」の評価については，後述する第2章1（2）を参照のこと[3]。

## 5　改善等通知における特別の教科　道徳，外国語活動（小学校），総合的な学習の時間，特別活動の指導要録の記録

　改善等通知においては，各教科の学習の記録とともに，以下の（1）～（4）の各教科等の指導要録における学習の記録について以下のように示されている。

### （1）特別の教科　道徳について

　中学校等については，改善等通知別紙2に，「道徳の評価については，28文科初第604号「学習指導要領の一部改正に伴う小学校，中学校及び特別支援学校小学部・中学部における児童生徒の学習評価及び指導要録の改善等について（通知）」に基づき，学習活動における生徒の学習状況や道徳性に係る成長の様子を個人内評価として文章で端的に記述する」こととされている（小学校等についても別紙1に同旨）。

### （2）外国語活動について（小学校）

　改善等通知には，「外国語活動の記録については，評価の観点を記入した上で，それらの観点に照らして，児童の学習状況に顕著な事項がある場合にその特徴を記入する等，児童にどのような力が身に付いたかを文章で端的に記述すること」とされている。また，「評価の観点については，設置者は，小学校学習指導要領等に示す外国語活動の目標を踏まえ，改善等通知別紙4を参考に設定する」こととされている。

### （3）総合的な学習の時間について

　中学校等については，改善等通知別紙2に，「総合的な学習の時間の記録については，この時間に行った学習活動及び各学校が自ら定めた評価の観点を記入した上で，それらの観点のうち，生徒の学習状況に顕著な事項がある場合などにその特徴を記入する等，生徒にどのような力が身に付いたかを文章で端的に記述すること」とされている。また，「評価の観点については，各学校において具体的に定めた目標，内容に基づいて別紙4を参考に定めること」とされている（小学校等についても別紙1に同旨）。

---

[3] 各教科等によって，評価の対象に特性があることに留意する必要がある。例えば，体育・保健体育科の運動に関する領域においては，公正や協力などを，育成する「態度」として学習指導要領に位置付けており，各教科等の目標や内容に対応した学習評価が行われることとされている。

**（4）特別活動について**

中学校等については，改善等通知別紙２に，「特別活動の記録については，各学校が自ら定めた特別活動全体に係る評価の観点を記入した上で，各活動・学校行事ごとに，評価の観点に照らして十分満足できる活動の状況にあると判断される場合に，〇印を記入する」とされている。また，「評価の観点については，学習指導要領等に示す特別活動の目標を踏まえ，各学校において改善等通知別紙４を参考に定める。その際，特別活動の特質や学校として重点化した内容を踏まえ，例えば『主体的に生活や人間関係をよりよくしようとする態度』などのように，より具体的に定めることも考えられる。記入に当たっては，特別活動の学習が学校や学級における集団活動や生活を対象に行われるという特質に留意する」とされている（小学校等についても別紙１に同旨）。

なお，特別活動は学級担任以外の教師が指導する活動が多いことから，評価体制を確立し，共通理解を図って，児童生徒のよさや可能性を多面的・総合的に評価するとともに，確実に資質・能力が育成されるよう指導の改善に生かすことが求められる。

**6　障害のある児童生徒の学習評価について**

学習評価に関する基本的な考え方は，障害のある児童生徒の学習評価についても変わるものではない。

障害のある児童生徒については，特別支援学校等の助言又は援助を活用しつつ，個々の児童生徒の障害の状態や特性及び心身の発達の段階に応じた指導内容や指導方法の工夫を行い，その評価を適切に行うことが必要である。また，指導内容や指導方法の工夫については，学習指導要領の各教科の「指導計画の作成と内容の取扱い」の「指導計画作成上の配慮事項」の「障害のある児童生徒への配慮についての事項」についての学習指導要領解説も参考となる。

**7　評価の方針等の児童生徒や保護者への共有について**

学習評価の妥当性や信頼性を高めるとともに，児童生徒自身に学習の見通しをもたせるために，学習評価の方針を事前に児童生徒と共有する場面を必要に応じて設けることが求められており，児童生徒に評価の結果をフィードバックする際にも，どのような方針によって評価したのかを改めて児童生徒に共有することも重要である。

また，新学習指導要領下での学習評価の在り方や基本方針等について，様々な機会を捉えて保護者と共通理解を図ることが非常に重要である。

## 第2章　学習評価の基本的な流れ

### 1　各教科における評価規準の作成及び評価の実施等について

#### （1）目標と観点の趣旨との対応関係について

　　評価規準の作成に当たっては，各学校の実態に応じて目標に準拠した評価を行うために，「評価の観点及びその趣旨[4]」が各教科等の目標を踏まえて作成されていること，また同様に，「学年別（又は分野別）の評価の観点の趣旨[5]」が学年（又は分野）の目標を踏まえて作成されていることを確認することが必要である。

　　なお，「主体的に学習に取り組む態度」の観点は，教科等及び学年（又は分野）の目標の（3）に対応するものであるが，観点別学習状況の評価を通じて見取ることができる部分をその内容として整理し，示していることを確認することが必要である。（図5，6参照）

　　図5

**【学習指導要領「教科の目標」】**

学習指導要領　各教科等の「第1　目標」

| （1） | （2） | （3） |
|---|---|---|
| （知識及び技能に関する目標） | （思考力，判断力，表現力等に関する目標） | （学びに向かう力，人間性等に関する目標）[6] |

**【改善等通知「評価の観点及びその趣旨」】**

改善等通知　別紙4　評価の観点及びその趣旨

| 観点 | 知識・技能 | 思考・判断・表現 | 主体的に学習に取り組む態度 |
|---|---|---|---|
| 趣旨 | （知識・技能の観点の趣旨） | （思考・判断・表現の観点の趣旨） | （主体的に学習に取り組む態度の観点の趣旨） |

---

[4] 各教科等の学習指導要領の目標の規定を踏まえ，観点別学習状況の評価の対象とするものについて整理したものが教科等の観点の趣旨である。

[5] 各学年（又は分野）の学習指導要領の目標を踏まえ，観点別学習状況の評価の対象とするものについて整理したものが学年別（又は分野別）の観点の趣旨である。

[6] 学びに向かう力，人間性等に関する目標には，個人内評価として実施するものも含まれている。（P.8図3参照）※学年（又は分野）の目標についても同様である。

図6

**【学習指導要領「学年（又は分野）の目標」】**

学習指導要領　各教科等の「第2　各学年の目標及び内容」の学年ごとの「1　目標」

| (1) | (2) | (3) |
|---|---|---|
| （知識及び技能に関する目標） | （思考力，判断力，表現力等に関する目標） | （学びに向かう力，人間性等に関する目標） |

↓　　　　　　　↓　　　　　　　↓

**【改善等通知　別紙4「学年別（又は分野別）の評価の観点の趣旨」】**

| 観点 | 知識・技能 | 思考・判断・表現 | 主体的に学習に取り組む態度 |
|---|---|---|---|
| 趣旨 | （知識・技能の観点の趣旨） | （思考・判断・表現の観点の趣旨） | （主体的に学習に取り組む態度の観点の趣旨） |

## （2）「内容のまとまりごとの評価規準」とは

　　本参考資料では，評価規準の作成等について示す。具体的には，学習指導要領の規定から「内容のまとまりごとの評価規準」を作成する際の手順を示している。ここでの「内容のまとまり」とは，学習指導要領に示す各教科等の「第2　各学年の目標及び内容　2　内容」の項目等をそのまとまりごとに細分化したり整理したりしたものである[7]。平成29年改訂学習指導要領においては資質・能力の三つの柱に基づく構造化が行われたところであり，基本的には，学習指導要領に示す各教科等の「第2　各学年（分野）の目標及び内容」の「2　内容」において[8]，「内容のまとまり」ごとに育成を目指す資質・

---

[7] 各教科等の学習指導要領の「第3　指導計画の作成と内容の取扱い」1(1)に「単元（題材）などの内容や時間のまとまり」という記載があるが，この「内容や時間のまとまり」と，本参考資料における「内容のまとまり」は同義ではないことに注意が必要である。前者は，主体的・対話的で深い学びを実現するため，主体的に学習に取り組めるよう学習の見通しを立てたり学習したことを振り返ったりして自身の学びや変容を自覚できる場面をどこに設定するか，対話によって自分の考えなどを広げたり深めたりする場面をどこに設定するか，学びの深まりをつくりだすために，児童生徒が考える場面と教師が教える場面をどのように組み立てるか，といった視点による授業改善は，1単位時間の授業ごとに考えるのではなく，単元や題材などの一定程度のまとまりごとに検討されるべきであることが示されたものである。後者（本参考資料における「内容のまとまり」）については，本文に述べるとおりである。

[8] 小学校家庭においては，「第2　各学年の内容」，「1　内容」，小学校外国語・外国語活動，中学校外国語においては，「第2　各言語の目標及び内容等」，「1　目標」である。

能力が示されている。このため,「2 内容」の記載はそのまま学習指導の目標となりうるものである[9]。学習指導要領の目標に照らして観点別学習状況の評価を行うに当たり,児童生徒が資質・能力を身に付けた状況を表すために,「2 内容」の記載事項の文末を「〜すること」から「〜している」と変換したもの等を,本参考資料において「内容のまとまりごとの評価規準」と呼ぶこととする[10]。

ただし,「主体的に学習に取り組む態度」に関しては,特に,児童生徒の学習への継続的な取組を通して現れる性質を有すること等から[11],「2 内容」に記載がない[12]。そのため,各学年(又は分野)の「1 目標」を参考にしつつ,必要に応じて,改善等通知別紙4に示された学年(又は分野)別の評価の観点の趣旨のうち「主体的に学習に取り組む態度」に関わる部分を用いて「内容のまとまりごとの評価規準」を作成する必要がある。

なお,各学校においては,「内容のまとまりごとの評価規準」の考え方を踏まえて,学習評価を行う際の評価規準を作成する。

### (3)「内容のまとまりごとの評価規準」を作成する際の基本的な手順

各教科における,「内容のまとまりごとの評価規準」を作成する際の基本的な手順は以下のとおりである。

---

学習指導要領に示された教科及び学年(又は分野)の目標を踏まえて,「評価の観点及びその趣旨」が作成されていることを理解した上で,

① 各教科における「内容のまとまり」と「評価の観点」との関係を確認する。

② 【観点ごとのポイント】を踏まえ,「内容のまとまりごとの評価規準」を作成する。

---

[9] 「2 内容」において示されている指導事項等を整理することで「内容のまとまり」を構成している教科もある。この場合は,整理した資質・能力をもとに,構成された「内容のまとまり」に基づいて学習指導の目標を設定することとなる。また,目標や評価規準の設定は,教育課程を編成する主体である各学校が,学習指導要領に基づきつつ児童生徒や学校,地域の実情に応じて行うことが必要である。

[10] 小学校家庭,中学校技術・家庭(家庭分野)については,学習指導要領の目標及び分野の目標の(2)に思考力・判断力・表現力等の育成に係る学習過程が記載されているため,これらを踏まえて「内容のまとまりごとの評価規準」を作成する必要がある。

[11] 各教科等の特性によって単元や題材など内容や時間のまとまりはさまざまであることから,評価を行う際は,それぞれの実現状況が把握できる段階について検討が必要である。

[12] 各教科等によって,評価の対象に特性があることに留意する必要がある。例えば,体育・保健体育科の運動に関する領域においては,公正や協力などを,育成する「態度」として学習指導要領に位置付けており,各教科等の目標や内容に対応した学習評価が行われることとされている。

　①，②については，第2編において詳述する。同様に，【観点ごとのポイント】についても，第2編に各教科等において示している。

### （4）評価の計画を立てることの重要性

　学習指導のねらいが児童生徒の学習状況として実現されたかについて，評価規準に照らして観察し，毎時間の授業で適宜指導を行うことは，育成を目指す資質・能力を児童生徒に育むためには不可欠である。その上で，評価規準に照らして，観点別学習状況の評価をするための記録を取ることになる。そのためには，いつ，どのような方法で，児童生徒について観点別学習状況を評価するための記録を取るのかについて，評価の計画を立てることが引き続き大切である。

　毎時間児童生徒全員について記録を取り，総括の資料とするために蓄積することは現実的ではないことからも，児童生徒全員の学習状況を記録に残す場面を精選し，かつ適切に評価するための評価の計画が一層重要になる。

### （5）観点別学習状況の評価に係る記録の総括

　適切な評価の計画の下に得た，児童生徒の観点別学習状況の評価に係る記録の総括の時期としては，単元（題材）末，学期末，学年末等の節目が考えられる。

　総括を行う際，観点別学習状況の評価に係る記録が，観点ごとに複数ある場合は，例えば，次のような方法が考えられる。

・　**評価結果のＡ，Ｂ，Ｃの数を基に総括する場合**

　何回か行った評価結果のＡ，Ｂ，Ｃの数が多いものが，その観点の学習の実施状況を最もよく表現しているとする考え方に立つ総括の方法である。例えば，3回評価を行った結果が「ＡＢＢ」ならばＢと総括することが考えられる。なお，「ＡＡＢＢ」の総括結果をＡとするかＢとするかなど，同数の場合や三つの記号が混在する場合の総括の仕方をあらかじめ各学校において決めておく必要がある。

・　**評価結果のＡ，Ｂ，Ｃを数値に置き換えて総括する場合**

　何回か行った評価結果Ａ，Ｂ，Ｃを，例えばＡ＝3，Ｂ＝2，Ｃ＝1のように数値によって表し，合計したり平均したりする総括の方法である。例えば，総括の結果をＢとする範囲を［2.5≧平均値≧1.5］とすると，「ＡＢＢ」の平均値は，約2.3［（3＋2＋2）÷3］で総括の結果はＢとなる。

　なお，評価の各節目のうち特定の時点に重きを置いて評価を行う場合など，この例のような平均値による方法以外についても様々な総括の方法が考えられる。

### （6）観点別学習状況の評価の評定への総括

　評定は，各教科の観点別学習状況の評価を総括した数値を示すものである。評定は，児童生徒がどの教科の学習に望ましい学習状況が認められ，どの教科の学習に課題が

認められるのかを明らかにすることにより，教育課程全体を見渡した学習状況の把握と指導や学習の改善に生かすことを可能とするものである。

評定への総括は，学期末や学年末などに行われることが多い。学年末に評定へ総括する場合には，学期末に総括した評定の結果を基にする場合と，学年末に観点ごとに総括した結果を基にする場合が考えられる。

観点別学習状況の評価の評定への総括は，各観点の評価結果をA，B，Cの組合せ，又は，A，B，Cを数値で表したものに基づいて総括し，その結果を小学校では3段階，中学校では5段階で表す。

A，B，Cの組合せから評定に総括する場合，各観点とも同じ評価がそろう場合は，小学校については，「BBB」であれば2を基本としつつ，「AAA」であれば3，「CCC」であれば1とするのが適当であると考えられる。中学校については，「BBB」であれば3を基本としつつ，「AAA」であれば5又は4，「CCC」であれば2又は1とするのが適当であると考えられる。それ以外の場合は，各観点のA，B，Cの数の組合せから適切に評定することができるようあらかじめ各学校において決めておく必要がある。

なお，観点別学習状況の評価結果は，「十分満足できる」状況と判断されるものをA，「おおむね満足できる」状況と判断されるものをB，「努力を要する」状況と判断されるものをCのように表されるが，そこで表された学習の実現状況には幅があるため，機械的に評定を算出することは適当ではない場合も予想される。

また，評定は，小学校については，小学校学習指導要領等に示す各教科の目標に照らして，その実現状況を「十分満足できる」状況と判断されるものを3，「おおむね満足できる」状況と判断されるものを2，「努力を要する」状況と判断されるものを1，中学校については，中学校学習指導要領等に示す各教科の目標に照らして，その実現状況を「十分満足できるもののうち，特に程度が高い」状況と判断されるものを5，「十分満足できる」状況と判断されるものを4，「おおむね満足できる」状況と判断されるものを3，「努力を要する」状況と判断されるものを2，「一層努力を要する」状況と判断されるものを1という数値で表される。しかし，この数値を児童生徒の学習状況について三つ（小学校）又は五つ（中学校）に分類したものとして捉えるのではなく，常にこの結果の背景にある児童生徒の具体的な学習の実現状況を思い描き，適切に捉えることが大切である。評定への総括に当たっては，このようなことも十分に検討する必要がある[13]。

なお，各学校では観点別学習状況の評価の観点ごとの総括及び評定への総括の考え

---

[13] 改善等通知では，「評定は各教科の学習の状況を総括的に評価するものであり，『観点別学習状況』において掲げられた観点は，分析的な評価を行うものとして，各教科の評定を行う場合において基本的な要素となるものであることに十分留意する。その際，評定の適切な決定方法等については，各学校において定める。」と示されている。（P.7，8参照）

方や方法について，教師間で共通理解を図り，児童生徒及び保護者に十分説明し理解を得ることが大切である。

## 2　総合的な学習の時間における評価規準の作成及び評価の実施等について
### （1）総合的な学習の時間の「評価の観点」について

　平成29年改訂学習指導要領では，各教科等の目標や内容を「知識及び技能」，「思考力，判断力，表現力等」，「学びに向かう力，人間性等」の資質・能力の三つの柱で再整理しているが，このことは総合的な学習の時間においても同様である。

　総合的な学習の時間においては，学習指導要領が定める目標を踏まえて各学校が目標や内容を設定するという総合的な学習の時間の特質から，各学校が観点を設定するという枠組みが維持されている。一方で，各学校が目標や内容を定める際には，学習指導要領において示された以下について考慮する必要がある。

| 【各学校において定める目標】 |
|---|
| ・　各学校において定める目標については，各学校における教育目標を踏まえ，総合的な学習の時間を通して育成を目指す資質・能力を示すこと。　　　　（第2の3(1)） |

　総合的な学習の時間を通して育成を目指す資質・能力を示すとは，各学校における教育目標を踏まえて，各学校において定める目標の中に，この時間を通して育成を目指す資質・能力を，三つの柱に即して具体的に示すということである。

| 【各学校において定める内容】 |
|---|
| ・　探究課題の解決を通して育成を目指す具体的な資質・能力については，次の事項に配慮すること。 |
| ア　知識及び技能については，他教科等及び総合的な学習の時間で習得する知識及び技能が相互に関連付けられ，社会の中で生きて働くものとして形成されるようにすること。 |
| イ　思考力，判断力，表現力等については，課題の設定，情報の収集，整理・分析，まとめ・表現などの探究的な学習の過程において発揮され，未知の状況において活用できるものとして身に付けられるようにすること。 |
| ウ　学びに向かう力，人間性等については，自分自身に関すること及び他者や社会との関わりに関することの両方の視点を踏まえること。　　　（第2の3(6)） |

　各学校において定める内容について，今回の改訂では新たに，「目標を実現するにふさわしい探究課題」，「探究課題の解決を通して育成を目指す具体的な資質・能力」の二つを定めることが示された。「探究課題の解決を通して育成を目指す具体的な資質・能力」とは，各学校において定める目標に記された資質・能力を，各探究課題に即して具体的に示したものであり，教師の適切な指導の下，児童生徒が各探究課題の解決に取り組む中で，育成することを目指す資質・能力のことである。この具体的な資質・能力も，「知識及び技能」，「思考力，判断力，表現力等」，「学びに向かう力，人間性等」という

資質・能力の三つの柱に即して設定していくことになる。

このように，各学校において定める目標と内容には，三つの柱に沿った資質・能力が明示されることになる。

したがって，資質・能力の三つの柱で再整理した新学習指導要領の下での指導と評価の一体化を推進するためにも，評価の観点についてこれらの資質・能力に関わる「知識・技能」，「思考・判断・表現」，「主体的に学習に取り組む態度」の3観点に整理し示したところである。

### （2）総合的な学習の時間の「内容のまとまり」の考え方

学習指導要領の第2の2では，「各学校においては，第1の目標を踏まえ，各学校の総合的な学習の時間の内容を定める。」とされており，各教科のようにどの学年で何を指導するのかという内容を明示していない。これは，各学校が，学習指導要領が定める目標の趣旨を踏まえて，地域や学校，児童生徒の実態に応じて，創意工夫を生かした内容を定めることが期待されているからである。

この内容の設定に際しては，前述したように「目標を実現するにふさわしい探究課題」，「探究課題の解決を通して育成を目指す具体的な資質・能力」の二つを定めることが示され，探究課題としてどのような対象と関わり，その探究課題の解決を通して，どのような資質・能力を育成するのかが内容として記述されることになる。（図7参照）

**図7**

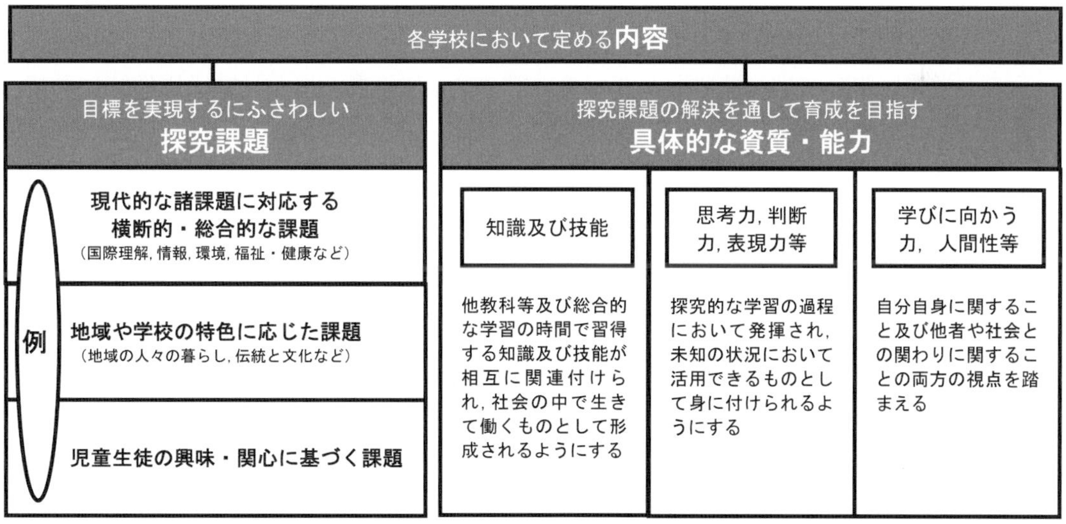

本参考資料第1編第2章の1（2）では，「内容のまとまり」について，「学習指導要領に示す各教科等の『第2　各学年の目標及び内容　2　内容』の項目等をそのまとまりごとに細分化したり整理したりしたもので，『内容のまとまり』ごとに育成を目指す資質・能力が示されている」と説明されている。

したがって，総合的な学習の時間における「内容のまとまり」とは，全体計画に示した「目標を実現するにふさわしい探究課題」のうち，一つ一つの探究課題とその探究課題に応じて定めた具体的な資質・能力と考えることができる。

**（3）「内容のまとまりごとの評価規準」を作成する際の基本的な手順**

　　総合的な学習の時間における，「内容のまとまりごとの評価規準」を作成する際の基本的な手順は以下のとおりである。

> ①　各学校において定めた目標（第2の1）と「評価の観点及びその趣旨」を確認する。

> ②　各学校において定めた内容の記述（「内容のまとまり」として探究課題ごとに作成した「探究課題の解決を通して育成を目指す具体的な資質・能力」）が，観点ごとにどのように整理されているかを確認する。

> ③【観点ごとのポイント】を踏まえ，「内容のまとまりごとの評価規準」を作成する。

## 3　特別活動の「評価の観点」とその趣旨，並びに評価規準の作成及び評価の実施等について

### （1）特別活動の「評価の観点」とその趣旨について

　　特別活動においては，改善等通知において示されたように，特別活動の特質と学校の創意工夫を生かすということから，設置者ではなく，「各学校で評価の観点を定める」ものとしている。本参考資料では「評価の観点」とその趣旨の設定について示している。

### （2）特別活動の「内容のまとまり」

　　小学校においては，学習指導要領の内容の〔学級活動〕「（1）学級や学校における生活づくりへの参画」，「（2）日常の生活や学習への適応と自己の成長及び健康安全」，「（3）一人一人のキャリア形成と自己実現」，〔児童会活動〕，〔クラブ活動〕，〔学校行事〕（1）儀式的行事，（2）文化的行事，（3）健康安全・体育的行事，（4）遠足・集団宿泊的行事，（5）勤労生産・奉仕的行事を「内容のまとまり」とした。

　　中学校においては，学習指導要領の内容の〔学級活動〕「（1）学級や学校における生活づくりへの参画」，「（2）日常の生活や学習への適応と自己の成長及び健康安全」，「（3）一人一人のキャリア形成と自己実現」，〔生徒会活動〕，〔学校行事〕（1）儀式的行事，（2）文化的行事，（3）健康安全・体育的行事，（4）旅行・集団宿泊的行事，（5）勤労生産・奉仕的行事を「内容のまとまり」とした。

### （3）特別活動の「評価の観点」とその趣旨，並びに「内容のまとまりごとの評価規準」を作成する際の基本的な手順

　　各学校においては，学習指導要領に示された特別活動の目標及び内容を踏まえ，自校の実態に即し，改善等通知の例示を参考に観点を作成する。その際，例えば，特別活動の特質や学校として重点化した内容を踏まえて，具体的な観点を設定することが考えられる。

　また，学習指導要領解説では，各活動・学校行事の内容ごとに育成を目指す資質・能力が例示されている。そこで，学習指導要領で示された「各活動・学校行事の目標」及び学習指導要領解説で例示された「資質・能力」を確認し，各学校の実態に合わせて育成を目指す資質・能力を重点化して設定する。

　次に，各学校で設定した，各活動・学校行事で育成を目指す資質・能力を踏まえて，「内容のまとまりごとの評価規準」を作成する。その際，小学校の学級活動においては，学習指導要領で示した「各学年段階における配慮事項」や，学習指導要領解説に示した「発達の段階に即した指導のめやす」を踏まえて，低・中・高学年ごとに評価規準を作成することが考えられる。基本的な手順は以下のとおりである。

---

① 　学習指導要領の「特別活動の目標」と改善等通知を確認する。

② 　学習指導要領の「特別活動の目標」と自校の実態を踏まえ，改善等通知の例示を参考に，特別活動の「評価の観点」とその趣旨を設定する。

③ 　学習指導要領の「各活動・学校行事の目標」及び学習指導要領解説特別活動編（平成 29 年 7 月）で例示した「各活動・学校行事における育成を目指す資質・能力」を参考に，各学校において育成を目指す資質・能力を重点化して設定する。

④ 　【観点ごとのポイント】を踏まえ，「内容のまとまりごとの評価規準」を作成する。

---

**（参考）平成 23 年「評価規準の作成，評価方法等の工夫改善のための参考資料」からの変更点について**

　今回作成した本参考資料は，平成 23 年の「評価規準の作成，評価方法等の工夫改善のための参考資料」を踏襲するものであるが，以下のような変更点があることに留意が必要である[14]。

　まず，平成 23 年の参考資料において使用していた「評価規準に盛り込むべき事項」や「評価規準の設定例」については，報告において「現行の参考資料のように評価規準を詳細に示すのではなく，各教科等の特質に応じて，学習指導要領の規定から評価規準を作成する際の手順を示すことを基本とする」との指摘を受け，第 2 編において示すことを改め，本参考資料の第 3 編における事例の中で，各教科等の事例に沿った評価規準を例示したり，その作成手順等を紹介したりする形に改めている。

　次に，本参考資料の第 2 編に示す「内容のまとまりごとの評価規準」は，平成 23 年の「評価規準の作成，評価方法等の工夫改善のための参考資料」において示した「評価規準に盛り込むべき事項」と作成の手順を異にする。具体的には，「評価規準に盛り込むべき事項」は，平成 20 年改訂学習指導要領における各教科等の目標，各学年（又は分野）の目標及び内容の記述を基に，学習評価及び指導要録の改善通知で示している各教科等の評価の観点及びその趣旨，学年（又は分野）別の評価の観点の趣旨を踏まえて作成したものである。

　また，平成 23 年の参考資料では「評価規準に盛り込むべき事項」をより具体化したものを「評価規準の設定例」として示している。「評価規準の設定例」は，原則として，学習指導要領の各教科等の目標，学年（又は分野）別の目標及び内容のほかに，当該部分の学習指導要領解説（文部科学省刊行）の記述を基に作成していた。他方，本参考資料における「内容のまとまりごとの評価規準」については，平成 29 年改訂の学習指導要領の目標及び内容が育成を目指す資質・能力に関わる記述で整理されたことから，既に確認のとおり，そこでの「内容のまとまり」ごとの記述を，文末を変換するなどにより評価規準とすることを可能としており，学習指導要領の記載と表裏一体をなす関係にあると言える。

　さらに，「主体的に学習に取り組む態度」の「各教科等・各学年等の評価の観点の趣旨」についてである。前述のとおり，従前の「関心・意欲・態度」の観点から「主体的に学習に取り組む態度」の観点に改められており，「主体的に学習に取り組む態度」の観点に関しては各学年（又は分野）の「1　目標」を参考にしつつ，必要に応じて，改善等通知別紙 4 に示された学年（又は分野）別の評価の観点の趣旨のうち「主体的に学習に取り組む態度」に関わる部分を用いて「内容のまとまりごとの評価規準」を作成する必要がある。

---

[14] 特別活動については，これまでも三つの観点に基づいて児童生徒の資質・能力の育成を目指し，指導に生かしてきたところであり，上記の変更点に該当するものではないことに留意が必要である。

報告にあるとおり,「主体的に学習に取り組む態度」は,現行の「関心・意欲・態度」の観点の本来の趣旨であった,各教科等の学習内容に関心をもつことのみならず,よりよく学ぼうとする意欲をもって学習に取り組む態度を評価することを改めて強調するものである。また,本観点に基づく評価としては,「主体的に学習に取り組む態度」に係る各教科等の評価の観点の趣旨に照らし,

① 知識及び技能を獲得したり,思考力,判断力,表現力等を身に付けたりすることに向けた粘り強い取組を行おうとする側面と,

② ①の粘り強い取組を行う中で,自らの学習を調整しようとする側面,

という二つの側面を評価することが求められるとされた[15]。

　以上の点から,今回の改善等通知で示した「主体的に学習に取り組む態度」の「各教科等・各学年等の評価の観点の趣旨」は,平成 22 年通知で示した「関心・意欲・態度」の「各教科等・各学年等の評価の観点の趣旨」から改められている。

---

[15] 各教科等によって,評価の対象に特性があることに留意する必要がある。例えば,体育・保健体育科の運動に関する領域においては,公正や協力などを,育成する「態度」として学習指導要領に位置付けており,各教科等の目標や内容に対応した学習評価が行われることとされている。

# 第2編

# 「内容のまとまりごとの評価規準」
# を作成する際の手順

# 1 中学校美術科の「内容のまとまり」

中学校美術科における「内容のまとまり」は，以下のようになっている。

「感じ取ったことや考えたことなどを基にした表現 「A表現」(1)ア(2)，〔共通事項〕」
「目的や機能などを考えた表現 「A表現」(1)イ(2)，〔共通事項〕」
「作品や美術文化などの鑑賞 「B鑑賞」，〔共通事項〕」

# 2 中学校美術科における「内容のまとまりごとの評価規準」作成の手順

ここでは，第1学年の「感じ取ったことや考えたことなどを基にした表現「A表現」(1)ア(2)，〔共通事項〕」，第2学年及び第3学年の「作品や美術文化などの鑑賞「B鑑賞」，〔共通事項〕」を取り上げて，「内容のまとまりごとの評価規準」作成の手順を説明する。

まず，学習指導要領に示された教科及び学年の目標を踏まえて，「評価の観点及びその趣旨」が作成されていることを理解する。その上で，①及び②の手順を踏む。

## ＜例1 第1学年の「感じ取ったことや考えたことなどを基にした表現「A表現」(1)ア(2)，〔共通事項〕」＞

### 【中学校学習指導要領 第2章 第6節 美術「第1 目標」】

表現及び鑑賞の幅広い活動を通して，造形的な見方・考え方を働かせ，生活や社会の中の美術や美術文化と豊かに関わる資質・能力を次のとおり育成することを目指す。

| （1） | （2） | （3） |
|---|---|---|
| 対象や事象を捉える造形的な視点について理解するとともに，表現方法を創意工夫し，創造的に表すことができるようにする。 | 造形的なよさや美しさ，表現の意図と工夫，美術の働きなどについて考え，主題を生み出し豊かに発想し構想を練ったり，美術や美術文化に対する見方や感じ方を深めたりすることができるようにする。 | 美術の創造活動の喜びを味わい，美術を愛好する心情を育み，感性を豊かにし，心豊かな生活を創造していく態度を養い，豊かな情操を培う。 |

（中学校学習指導要領 P.107）

### 【改善等通知 別紙4 図画工作・美術（1）評価の観点及びその趣旨 ＜中学校 美術＞】

| 知識・技能 | 思考・判断・表現 | 主体的に学習に取り組む態度 |
|---|---|---|
| ・対象や事象を捉える造形的な視点について理解している。<br>・表現方法を創意工夫し，創造的に表している。 | 造形的なよさや美しさ，表現の意図と工夫，美術の働きなどについて考えるとともに，主題を生み出し豊かに発想し構想を練ったり，美術や美術文化に対する見方や感じ方を深めたりしている。 | 美術の創造活動の喜びを味わい主体的に表現及び鑑賞の幅広い学習活動に取り組もうとしている。 |

（改善等通知 別紙4 P.10）

※　中学校美術科の評価の観点において「知識・技能」は,「造形的な視点を豊かにするための知識」と「創造的に表す技能」とに整理していることから二つに分けて示している。また,「思考・判断・表現」は,「A表現」において育成する発想や構想に関する資質・能力と「B鑑賞」において育成する鑑賞に関する資質・能力とに整理しているが,発想や構想と鑑賞の双方に重なる資質・能力の育成を重視していることからまとめて示している。

**【中学校学習指導要領 第2章 第6節　美術「第2 各学年の目標及び内容」〔第1学年〕1 目標】**

| （1） | （2） | （3） |
|---|---|---|
| 対象や事象を捉える造形的な視点について理解するとともに,意図に応じて表現方法を工夫して表すことができるようにする。 | 自然の造形や美術作品などの造形的なよさや美しさ,表現の意図と工夫,機能性と美しさとの調和,美術の働きなどについて考え,主題を生み出し豊かに発想し構想を練ったり,美術や美術文化に対する見方や感じ方を広げたりすることができるようにする。 | 楽しく美術の活動に取り組み創造活動の喜びを味わい,美術を愛好する心情を培い,心豊かな生活を創造していく態度を養う。 |

(中学校学習指導要領 P. 107)

**【改善等通知 別紙4　図画工作・美術（2）学年別の評価の観点の趣旨**

＜中学校　美術＞第1学年】

| 知識・技能 | 思考・判断・表現 | 主体的に学習に取り組む態度 |
|---|---|---|
| ・対象や事象を捉える造形的な視点について理解している。<br>・意図に応じて表現方法を工夫して表している。 | 自然の造形や美術作品などの造形的なよさや美しさ,表現の意図と工夫,機能性と美しさとの調和,美術の働きなどについて考えるとともに,主題を生み出し豊かに発想し構想を練ったり,美術や美術文化に対する見方や感じ方を広げたりしている。 | 美術の創造活動の喜びを味わい楽しく表現及び鑑賞の学習活動に取り組もうとしている。 |

(改善等通知　別紙4　P. 17)

**① 各教科における「内容のまとまり」と「評価の観点」との関係を確認する。**

「A表現」

(1) 表現の活動を通して，次のとおり発想や構想に関する資質・能力を育成する。

　ア　感じ取ったことや考えたことなどを基に，絵や彫刻などに表現する活動を通して，発想や構想に関する次の事項を身に付けることができるよう指導する。

　　(ｱ) 対象や事象を見つめ感じ取った形や色彩の特徴や美しさ，想像したことなどを基に主題を生み出し，全体と部分との関係などを考え，創造的な構成を工夫し，心豊かに表現する構想を練ること。

「A表現」

(2) 表現の活動を通して，次のとおり技能に関する資質・能力を育成する。

　ア　発想や構想をしたことなどを基に，表現する活動を通して，技能に関する次の事項を身に付けることができるよう指導する。

　　(ｱ) 材料や用具の生かし方などを身に付け，意図に応じて工夫して表すこと。

　　(ｲ) 材料や用具の特性などから制作の順序などを考えながら，見通しをもって表すこと。

〔共通事項〕

(1) 「A表現」及び「B鑑賞」の指導を通して，次の事項を身に付けることができるよう指導する。

　ア　形や色彩，材料，光などの性質や，それらが感情にもたらす効果などを理解すること。

　イ　造形的な特徴などを基に，全体のイメージや作風などで捉えることを理解すること。

| | |
|---|---|
| ＿＿＿（下線）…知識及び技能のうち「知識」に関する内容 | |
| ＿＿＿（二重下線）…知識及び技能のうち「技能」に関する内容 | |
| ＿＿＿（波線）…思考力，判断力，表現力等に関する内容 | |

## ② 【観点ごとのポイント】を踏まえ，「内容のまとまりごとの評価規準」を作成する。

### （1）「内容のまとまりごとの評価規準」を作成する際の【観点ごとのポイント】

○「知識・技能」のポイント

　「知識」の評価については，第１学年の評価の観点及びその趣旨を「対象や事象を捉える造形的な視点について理解している」としており，具体的には〔共通事項〕の内容を示している。評価規準の作成では，〔共通事項〕(1)の「ア　形や色彩，材料，光などの性質や，それらが感情にもたらす効果などを理解すること」や「イ　造形的な特徴などを基に，全体のイメージや作風などで捉えることを理解すること」について文末を「～理解している」と示すことで，評価規準を作成することができる。

　なお，「知識」の評価規準の作成に当たっては，「２　内容の取扱いと指導上の配慮事項」の〔共通事項〕の取扱いにおいて，「(1)〔共通事項〕の指導に当たっては，生徒が造形を豊かに捉える多様な視点をもてるように，以下の内容について配慮すること」の各事項が「～を捉えること」としていることに留意する。（下記【参考】を参照）このことは，ここでの知識は単に新たな事柄として知ることや言葉を暗記することに終始するものではないことを示している。そのため，「知識」の評価を行う際には，〔共通事項〕の各指導事項に示されている「理解すること」とは，生徒一人一人の造形的な視点を豊かにするために，形や色彩，材料，光などの性質や，それらが感情にもたらす効果及び全体のイメージや作風などで捉えるということを踏まえ，実感的に理解している状況を見取るようにすることが大切である。

---

【参考】指導計画の作成と内容の取扱い

２　第２の内容の取扱いについては，次の事項に配慮するものとする。

　(1)　〔共通事項〕の指導に当たっては，生徒が造形を豊かに捉える多様な視点をもてるように，以下の内容について配慮すること。

　　ア　〔共通事項〕のアの指導に当たっては，造形の要素などに着目して，次の事項を実感的に理解できるようにすること。

　　　(ｱ)　色彩の色味や明るさ，鮮やかさを捉えること。

　　　(ｲ)　材料の性質や質感を捉えること。

　　　(ｳ)　形や色彩，材料，光などから感じる優しさや楽しさ，寂しさなどを捉えること。

　　　(ｴ)　形や色彩などの組合せによる構成の美しさを捉えること。

　　　(ｵ)　余白や空間の効果，立体感や遠近感，量感や動勢などを捉えること。

　　イ　〔共通事項〕のイの指導に当たっては，全体のイメージや作風などに着目して，次の事項を実感的に理解できるようにすること。

　　　(ｱ)　造形的な特徴などを基に，見立てたり，心情などと関連付けたりして全体のイメージで捉えること。

　　　(ｲ)　造形的な特徴などを基に，作風や様式などの文化的な視点で捉えること。

---

　「技能」については，第１学年の評価の観点及びその趣旨を「意図に応じて表現方法を工夫して表している」としており，具体的には「A表現」(2)の内容を示している。評価規準の作成で

は，題材に応じて「(ア)　材料や用具の生かし方などを身に付け，意図に応じて工夫して表すこと」や「(イ)　材料や用具の特性などから制作の順序などを考えながら，見通しをもって表すこと」について「～表している」と示すことで，評価規準を作成することができる。

○「思考・判断・表現」のポイント

　「思考・判断・表現」については，第1学年の評価の観点及びその趣旨を「自然の造形や美術作品などの造形的なよさや美しさ，表現の意図と工夫，機能性と美しさとの調和，美術の働きなどについて考えるとともに，主題を生み出し豊かに発想し構想を練ったり，美術や美術文化に対する見方や感じ方を広げたりしている」としており，具体的には「A表現」(1)及び「B鑑賞」の内容を示している。

　ここでは，「感じ取ったことや考えたことなどを基にした表現」の「内容のまとまり」を例にしているので，「A表現」(1)アの「(ア)　対象や事象を見つめ感じ取った形や色彩の特徴や美しさ，想像したことなどを基に主題を生み出し，全体と部分との関係などを考え，創造的な構成を工夫し，心豊かに表現する構想を練ること」について文末を，「～している」と示すことで，評価規準を作成することができる。また，発想や構想と鑑賞の双方に重なる資質・能力として「造形的なよさや美しさ，表現の意図と工夫，美術の働きなどについて考える」ことなどについて留意しながら評価することになる。

○「主体的に学習に取り組む態度」のポイント

　「主体的に学習に取り組む態度」については，第1学年の評価の観点及びその趣旨を「美術の創造活動の喜びを味わい楽しく表現及び鑑賞の学習活動に取り組もうとしている」としており，題材において設定した「知識及び技能」や「思考力，判断力，表現力等」の資質・能力を，生徒が学習活動の中で楽しく身に付けようとしたり，発揮しようとしたりすることへ向かう態度を評価することになる。その際，よりよい表現を目指して構想や技能を工夫改善し，粘り強く取り組む態度などに着目する事が大切である。ここでは，第1学年の「感じ取ったことや考えたことなどを基にした表現」の「内容のまとまり」を例にしているので，当該学年の評価の観点及びその趣旨と「A表現」の「内容のまとまり」に応じて評価規準を作成することができる。その際，評価の観点及びその趣旨に示されている「創造活動の喜び」は，「知識及び技能」と「思考力，判断力，表現力等」が相互に関連する中で味わうものであることに留意する必要がある。

### (2) 学習指導要領の「2　内容」 及び 「内容のまとまりごとの評価規準 (例)」

| | 知識及び技能 | 思考力，判断力，表現力等 | 学びに向かう力，人間性等 |
|---|---|---|---|
| 学習指導要領2内容 | 〔共通事項〕<br>(1)　「A表現」及び「B鑑賞」の指導を通して，次の事項を身に付けることができるよう指導する。<br>　ア　形や色彩，材料，光などの性質や，それらが感情にもたらす効果など | 「A表現」<br>(1)　表現の活動を通して，次のとおり発想や構想に関する資質・能力を育成する。<br>　ア　感じ取ったことや考えたことなどを基に，絵や彫刻などに表現する | ※内容には，学びに向かう力，人間性等について示されていないことから，該当学年の目標(3)及び「知識及び技能」，「思考力，判断力，表現力等」に該当する学習指導要領の内容を参考にする。 |

を理解すること。

イ　造形的な特徴などを基に，全体のイメージや作風などで捉えることを理解すること。

「A表現」

(2) 表現の活動を通して，次のとおり技能に関する資質・能力を育成する。

ア　発想や構想をしたことなどを基に，表現する活動を通して，技能に関する次の事項を身に付けることができるよう指導する。

(ｱ)　材料や用具の生かし方などを身に付け，意図に応じて工夫して表すこと。

(ｲ)　材料や用具の特性などから制作の順序などを考えながら，見通しをもって表すこと。

活動を通して，発想や構想に関する次の事項を身に付けることができるよう指導する。

(ｱ)　対象や事象を見つめ感じ取った形や色彩の特徴や美しさ，想像したことなどを基に主題を生み出し，全体と部分との関係などを考え，創造的な構成を工夫し，心豊かに表現する構想を練ること。

| | 知識・技能 | 思考・判断・表現 | 主体的に学習に取り組む態度 |
|---|---|---|---|
| 内容のまとまりごとの評価規 | ・形や色彩，材料，光などの性質や，それらが感情にもたらす効果などを理解している。<br>・造形的な特徴などを基に，全体のイメージや作風などで捉えることを理解している。<br><br>・材料や用具の生かし方など | ・対象や事象を見つめ感じ取った形や色彩の特徴や美しさ，想像したことなどを基に主題を生み出し，全体と部分との関係などを考え，創造的な構成を工夫し，心豊かに表現する構想を練っている。 | ・美術の創造活動の喜びを味わい楽しく感じ取ったことや考えたことなどを基にした表現の学習活動に取り組もうとしている。<br><br>※必要に応じて学年別の評価の観点の趣旨のうち「主体的に学習に取り組む態度」に関わる部分を用いて作成する。 |

| 準例 | を身に付け，意図に応じて工夫して表している。<br>・材料や用具の特性などから制作の順序などを考えながら，見通しをもって表している。 | – 33 – | |

## ＜例2　第2学年及び第3学年の「作品や美術文化などの鑑賞 「Ｂ鑑賞」，〔共通事項〕」＞

**【中学校学習指導要領 第2章 第6節　美術「第1　目標」】及び【改善等通知 別紙4　図画工作・美術　（1）評価の観点及びその趣旨　＜中学校　美術＞】**

　＜例1＞と同様のため省略

**【中学校学習指導要領 第2章 第6節　美術「第2　各学年の目標及び内容」**

〔第2学年及び第3学年〕　1　目標】

| （1） | （2） | （3） |
|---|---|---|
| 対象や事象を捉える造形的な視点について理解するとともに，意図に応じて自分の表現方法を追求し，創造的に表すことができるようにする。 | 自然の造形や美術作品などの造形的なよさや美しさ，表現の意図と創造的な工夫，機能性と洗練された美しさとの調和，美術の働きなどについて独創的・総合的に考え，主題を生み出し豊かに発想し構想を練ったり，美術や美術文化に対する見方や感じ方を深めたりすることができるようにする。 | 主体的に美術の活動に取り組み創造活動の喜びを味わい，美術を愛好する心情を深め，心豊かな生活を創造していく態度を養う。 |

(中学校学習指導要領 P. 109)

**【改善等通知 別紙4　図画工作・美術 （2）学年別の評価の観点の趣旨**

＜中学校　美術＞第2学年及び第3学年】

| 知識・技能 | 思考・判断・表現 | 主体的に学習に取り組む態度 |
|---|---|---|
| ・対象や事象を捉える造形的な視点について理解している。<br>・意図に応じて自分の表現方法を追求し，創造的に表している。 | 自然の造形や美術作品などの造形的なよさや美しさ，表現の意図と創造的な工夫，機能性と洗練された美しさとの調和，美術の働きなどについて独創的・総合的に考えるとともに，主題を生み出し豊かに発想し構想を練ったり，美術や美術文化に対する見方や感じ方を深めたりしている。 | 美術の創造活動の喜びを味わい主体的に表現及び鑑賞の学習活動に取り組もうとしている。 |

(改善等通知　別紙4　P. 17)

## ①　各教科における「内容のまとまり」と「評価の観点」との関係を確認する。

「B鑑賞」

(1) 鑑賞の活動を通して，次のとおり鑑賞に関する資質・能力を育成する。

　ア　美術作品などの見方や感じ方を深める活動を通して，鑑賞に関する次の事項を身に付けることができるよう指導する。

　　(ｱ)　造形的なよさや美しさを感じ取り，作者の心情や表現の意図と創造的な工夫などについて考えるなどして，美意識を高め，見方や感じ方を深めること。

　　(ｲ)　目的や機能との調和のとれた洗練された美しさなどを感じ取り，作者の心情や表現の意図と創造的な工夫などについて考えるなどして，美意識を高め，見方や感じ方を深めること。

　イ　生活や社会の中の美術の働きや美術文化についての見方や感じ方を深める活動を通して，鑑賞に関する次の事項を身に付けることができるよう指導する。

　　(ｱ)　身近な環境の中に見られる造形的な美しさなどを感じ取り，安らぎや自然との共生などの視点から生活や社会を美しく豊かにする美術の働きについて考えるなどして，見方や感じ方を深めること。

　　(ｲ)　日本の美術作品や受け継がれてきた表現の特質などから，伝統や文化のよさや美しさを感じ取り愛情を深めるとともに，諸外国の美術や文化との相違点や共通点に気付き，美術を通した国際理解や美術文化の継承と創造について考えるなどして，見方や感じ方を深めること。

〔共通事項〕

(1)　「A表現」及び「B鑑賞」の指導を通して，次の事項を身に付けることができるよう指導する。

　ア　形や色彩，材料，光などの性質や，それらが感情にもたらす効果などを理解すること。

　イ　造形的な特徴などを基に，全体のイメージや作風などで捉えることを理解すること。

> ＿＿＿（下線）…知識及び技能のうち「知識」に関する内容
> ～～～（波線）…思考力，判断力，表現力等に関する内容

## ② 【観点ごとのポイント】を踏まえ，「内容のまとまりごとの評価規準」を作成する。

### （1）「内容のまとまりごとの評価規準」を作成する際の【観点ごとのポイント】

○「知識・技能」のポイント

　「知識」の評価については，第2学年及び第3学年の評価の観点及びその趣旨を「対象や事象を捉える造形的な視点について理解している」としており，具体的には〔共通事項〕の内容を示している。したがって評価規準についての考え方や作成の手順などは，例1と同様である。

　「技能」については，具体的には「A表現」(2)の内容を示していることから，独立した「B鑑賞」の題材では，「内容のまとまり」ごとでは評価規準として位置付けない。

○「思考・判断・表現」のポイント

　「思考・判断・表現」については，第2学年及び第3学年の評価の観点及びその趣旨を「自然の造形や美術作品などの造形的なよさや美しさ，表現の意図と創造的な工夫，機能性と洗練された美しさとの調和，美術の働きなどについて独創的・総合的に考えるとともに，主題を生み出し豊かに発想し構想を練ったり，美術や美術文化に対する見方や感じ方を深めたりしている」としており，具体的には「A表現」(1)及び「B鑑賞」の内容を示している。

　ここでは，第2学年及び第3学年の「作品や美術文化などの鑑賞」の「内容のまとまり」を例にしているので，例えば「B鑑賞」(1)アの「(ｱ) 造形的なよさや美しさを感じ取り，作者の心情や表現の意図と創造的な工夫などについて考えるなどして，美意識を高め，見方や感じ方を深めること」について，文末を「〜している」と示すことで，評価規準を作成することができる。また，発想や構想と鑑賞の双方に重なる資質・能力として「自然の造形や美術作品などの造形的なよさや美しさ，表現の意図と創造的な工夫，機能性と洗練された美しさとの調和，美術の働きなどについて独創的・総合的に考える」ことなどについて留意しながら評価することになる。

○「主体的に学習に取り組む態度」のポイント

　「主体的に学習に取り組む態度」については，第2学年及び第3学年の評価の観点及びその趣旨を「美術の創造活動の喜びを味わい主体的に表現及び鑑賞の学習活動に取り組もうとしている」としており，題材において設定した「知識及び技能」や「思考力，判断力，表現力等」の資質・能力を，生徒が学習活動の中で主体的に身に付けようとしたり，発揮しようとしたりすることへ向かう態度を評価することになる。その際，作品のよさや美しさなどを新しい視点を探しながら見方や感じ方を深めようと粘り強く取り組む態度などに着目する事が大切である。ここでは，第2学年及び第3学年の「作品や美術文化などの鑑賞」の「内容のまとまり」を例にしているので，当該学年の評価の観点及びその趣旨と「B鑑賞」の「内容のまとまり」に応じて評価規準を作成することができる。その際，評価の観点及びその趣旨に示されている「創造活動の喜び」は，「知識」と「思考力，判断力，表現力等」が相互に関連する中で味わうものであることに留意する必要がある。

## （2）学習指導要領の「2　内容」 及び 「内容のまとまりごとの評価規準（例）」

| | 知識及び技能 | 思考力，判断力，表現力等 | 学びに向かう力，人間性等 |
|---|---|---|---|
| 学習指導要領　2　内容 | 〔共通事項〕<br>(1)　「A表現」及び「B鑑賞」の指導を通して，次の事項を身に付けることができるよう指導する。<br>ア　形や色彩，材料，光などの性質や，それらが感情にもたらす効果などを理解すること。<br>イ　造形的な特徴などを基に，全体のイメージや作風などで捉えることを理解すること。 | 「B鑑賞」<br>(1)　鑑賞の活動を通して，次のとおり鑑賞に関する資質・能力を育成する。<br>ア　美術作品などの見方や感じ方を深める活動を通して，鑑賞に関する次の事項を身に付けることができるよう指導する。<br>（ア）　造形的なよさや美しさを感じ取り，作者の心情や表現の意図と創造的な工夫などについて考えるなどして，美意識を高め，見方や感じ方を深めること。<br>（イ）　目的や機能との調和のとれた洗練された美しさなどを感じ取り，作者の心情や表現の意図と創造的な工夫などについて考えるなどして，美意識を高め，見方や感じ方を深めること。<br>イ　生活や社会の中の美術の働きや美術文化についての見方や感じ方を深める活動を通して，鑑賞に関する次の事項を身に付けることができるよう指導する。<br>（ア）　身近な環境の中に見られる造形的な美 | ※内容には，学びに向かう力，人間性等について示されていないことから，該当学年の目標(3)及び「知識及び技能」，「思考力，判断力，表現力等」に該当する学習指導要領の内容を参考にする。 |

しさなどを感じ取り，安らぎや自然との共生などの視点から生活や社会を美しく豊かにする美術の働きについて考えるなどして，見方や感じ方を深めること。

(イ) 日本の美術作品や受け継がれてきた表現の特質などから，伝統や文化のよさや美しさを感じ取り愛情を深めるとともに，諸外国の美術や文化との相違点や共通点に気付き，美術を通した国際理解や美術文化の継承と創造について考えるなどして，見方や感じ方を深めること。

| | 知識・技能 | 思考・判断・表現 | 主体的に学習に取り組む態度 |
|---|---|---|---|
| 内容のまとまりごとの評価規準例 | ・形や色彩，材料，光などの性質や，それらが感情にもたらす効果などを理解している。<br>・造形的な特徴などを基に，全体のイメージや作風などで捉えることを理解している。 | ・造形的なよさや美しさを感じ取り，作者の心情や表現の意図と創造的な工夫などについて考えるなどして，美意識を高め見方や感じ方を深めている。<br>・目的や機能との調和のとれた洗練された美しさなどを感じ取り，作者の心情や表現の意図と創造的な工夫などについて考えるなどして，美意識を高め，見方や感じ方を深めている。<br>・身近な環境の中に見られる | ・美術の創造活動の喜びを味わい主体的に作品や美術文化などの鑑賞の学習活動に取り組もうとしている。<br><br>※必要に応じて学年別の評価の観点の趣旨のうち「主体的に学習に取り組む態度」に関わる部分を用いて作成する。 |

造形的な美しさなどを感じ取り，安らぎや自然との共生などの視点から生活や社会を美しく豊かにする美術の働きについて考えるなどして，見方や感じ方を深めている。

・日本の美術作品や受け継がれてきた表現の特質などから，伝統や文化のよさや美しさを感じ取り，諸外国の美術や文化との相違点や共通点に気付き，美術を通した国際理解や美術文化の継承と創造について考えるなどして，見方や感じ方を深めている。

# 第３編

# 題材ごとの学習評価について

# （事例）

# 第1章 「内容のまとまりごとの評価規準」の考え方を踏まえた評価規準の作成

## 1 本編事例における学習評価の進め方について

　題材における観点別学習状況の評価を実施するに当たり，まずは年間の指導と評価の計画を確認することが重要である。その上で，学習指導要領の目標や内容，「内容のまとまりごとの評価規準」の考え方等を踏まえ，以下のように進めることが考えられる。なお，複数の題材にわたって評価を行う場合など，以下の方法によらない事例もあることに留意する必要がある。

| 評価の進め方 | 留意点 |
|---|---|
| **1**<br>**題材の目標を作成する** | ○　学習指導要領の目標や内容，学習指導要領解説等を踏まえて作成する。<br>○　生徒の実態，前題材までの学習状況等を踏まえて作成する。<br><br>※　題材の目標及び評価規準の関係性（イメージ）については下図参照<br>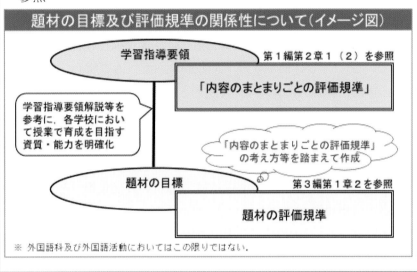 |
| **2**<br>**題材の評価規準を作成する** | |
| **3**<br>**「指導と評価の計画」を作成する** | ○　1，2を踏まえ，評価場面や評価方法等を計画する。<br>○　どのような評価資料（生徒の反応やノート，ワークシート，作品等）を基に，「おおむね満足できる」状況（B）と評価するかを考えたり，「努力を要する」状況（C）への手立て等を考えたりする。 |
| **授業を行う** | ○　3に沿って観点別学習状況の評価を行い，生徒の学習改善や教師の指導改善につなげる。 |
| **4**<br>**観点ごとに総括する** | ○　集めた評価資料やそれに基づく評価結果などから，観点ごとの総括的評価（A，B，C）を行う。 |

## 2 題材の評価規準の作成のポイント

### 美術科における評価規準の設定について
#### （1）「内容のまとまりごとの評価規準」の基本的な考え方

　平成 23 年 11 月に国立教育政策研究所教育課程研究センターが公表した「評価規準の作成，評価方法等の工夫改善のための参考資料（中学校 美術）」では，第 2 編において「評価規準に盛り込むべき事項」及び「評価規準の設定例」を示していた。「評価規準に盛り込むべき事項」は，主に題材ごとに設定する評価規準として，題材の目標と評価との関連を確認したり，題材における評価の重点を捉えたりする「題材の評価規準」を設定する際の参考となるように作成されていた。また，「評価規準の設定例」は，主に授業の中での具体的な学習活動の評価規準として位置付ける「学習活動に即した評価規準」を設定する際の参考となるように作成していた。

　平成 29 年告示の美術科の中学校学習指導要領では，その改訂において，教科の目標では，育成を目指す資質・能力を一層明確にし，生徒の発達の段階や特性等を踏まえつつ，(1)「知識及び技能」，(2)「思考力，判断力，表現力等」，(3)「学びに向かう力，人間性等」の三つの柱で整理している。また，内容についても目標に対応して，資質・能力を相互に関連させながら育成できるよう整理している。具体的には，「知識」は，〔共通事項〕，「技能」は，「A表現」(2) の指導事項に位置付けられている。「思考力，判断力，表現力等」は，「A表現」(1) 及び「B鑑賞」(1) の指導事項に位置付けられている。「学びに向かう力，人間性等」は，「A表現」，「B鑑賞」及び〔共通事項〕を指導する中で，一体的，総合的に育てていくものとして整理している。

　このように平成 29 年告示の美術科の中学校学習指導要領では，育成すべき資質・能力と学習内容との関係を整理し，一層明確に示していることから，従前のように「評価規準に盛り込むべき事項」及び「評価規準の設定例」の関係のように細分化せずに「内容のまとまりごとの評価規準（例）」だけを示すこととした。事例においても「題材の評価規準」と「学習活動に即した評価規準」の両面から題材の評価規準を設定するのではなく，題材のまとまりごとに，それぞれの実現状況が把握できる段階で評価を行うこととし，「内容のまとまりごとの評価規準(例)」を基に設定した「題材の評価規準」によって評価を行うことにしている。

　評価を行う際は，題材の目標，学習活動等に応じて「知識・技能」「思考・判断・表現」「主体的に学習に取り組む態度」の三つの観点の趣旨を生かしながら適切な「題材の評価規準」を設定することが大切である。

### 「内容のまとまりごとの評価規準（例）」の活用
### ○「題材の評価規準」を作成する

　題材の評価規準は，実施する学習の内容のまとまり（「感じ取ったことや考えたことなどを基にした表現 「A表現」(1)ア(2)，〔共通事項〕」，「目的や機能などを考えた表現 「A表現」(1)イ(2)，〔共通事項〕」，「作品や美術文化などの鑑賞 「B鑑賞」，〔共通事項〕」）ごとの「内容のまとまりごとの評価規準（例）」を基に題材の内容に合わせて設定することが考えられる。例えば，【図表①】「事例 1：花の命を感じて」の「知識・技能」，「思考・判断・表現」，「主体的に学習に取り組む態度」では，「内容のまとまりごとの評価規準（例）」の下線部を，題材の内容に合わせて題材の評価規準の下線部の

表現に変更したり，複数の評価規準を一つにまとめたりするなどして「題材の評価規準」を設定している。

【図表①】

「事例1：花の命を感じて」の題材と関連する「内容のまとまりごとの評価規準（例）」※

| 「知識・技能」 | 「思考・判断・表現」 | 「主体的に学習に取り組む態度」 |
| --- | --- | --- |
| ・形や色彩，材料，光などの性質や，それらが感情にもたらす効果などを理解している。<br>・造形的な特徴などを基に，全体のイメージや作風などで捉えることを理解している。<br>・材料や用具の生かし方などを身に付け，意図に応じて工夫して表している。 | ・対象や事象を見つめ感じ取った形や色彩の特徴や美しさ，想像したことなどを基に主題を生み出し，全体と部分との関係などを考え，創造的な構成を工夫し，心豊かに表現する構想を練っている。<br>・造形的なよさや美しさを感じ取り，作者の心情や表現の意図と工夫などについて考えるなどして，見方や感じ方を広げている。 | ・美術の創造活動の喜びを味わい楽しく感じ取ったことや考えたことなどを基にした表現の学習活動に取り組もうとしている。<br>・美術の創造活動の喜びを味わい楽しく作品や美術文化などの鑑賞の学習活動に取り組もうとしている。 |

※事例1「花の命を感じて」（第1学年「A表現」(1)ア(ｱ)(2)ア(ｱ)，「B鑑賞」(1)ア(ｱ)，〔共通事項〕(1)アイ）と関連する各「内容のまとまりごとの評価規準（例）」から整理したもの

「花の命を感じて」の題材の評価規準（第2編を参考に作成）

| 「知識・技能」 | 「思考・判断・表現」 | 「主体的に学習に取り組む態度」 |
| --- | --- | --- |
| 知 形や色彩などが感情にもたらす効果や，造形的な特徴などを基に，美しさや生命感などを全体のイメージで捉えることを理解している。<br><br>技 水彩絵の具の生かし方などを身に付け，意図に応じて工夫して表している。 | 発 花を見つめ感じ取った花や葉の形や色彩の特徴や美しさ，生命感などを基に主題を生み出し，画面全体と花や葉との関係などを考え，創造的な構成を工夫し，心豊かに表現する構想を練っている。<br>鑑 造形的なよさや美しさを感じ取り，作者の心情や表現の意図と工夫などについて考えるなどして，見方や感じ方を広げている。 | 態表 美術の創造活動の喜びを味わい楽しく花の美しさや生命感などを基に構想を練ったり，意図に応じて工夫して表したりする表現の学習活動に取り組もうとしている。<br>態鑑 美術の創造活動の喜びを味わい楽しく造形的なよさや美しさを感じ取り，作者の心情や表現の意図と工夫などについて考えるなどの見方や感じ方を広げる鑑賞の学習活動に取り組もうとしている。 |

知＝「知識・技能」の知識に関する評価規準，技＝「知識・技能」の技能に関する評価規準，発＝「思考・判断・表現」の発想や構想に関する評価規準，鑑＝「思考・判断・表現」の鑑賞に関する評価規準，態表＝表現の「主体的に学習する態度」に関する評価規準，態鑑＝鑑賞の「主体的に学習する態度」に関する評価規準を表す。

※それぞれの評価規準は「内容のまとまりごとの評価規準（例）」を，そのまま使用したり，具体的な学習活動を踏まえ言葉を省略や変更したりするなどしている。（下線部，下線部は変更箇所）

題材の評価規準作成及び評価のポイントは，以下のとおりである。

---

**（1）「知識・技能」**

**○知識に関する題材の評価規準**

　この観点は，表現及び鑑賞の活動を通して，「造形的な視点を豊かにするための知識」として，形や色彩，材料，光などの性質や，それらが感情にもたらす効果を理解することや，造形的な特徴などを基に，全体のイメージや作風などで捉えることを理解することについて評価するものである。ここでの知識は，表現や鑑賞の場面において，学んだ知識を生かして，形や色彩，材料や光などの造形の要素に着目してそれらの働きを捉えたり，全体に着目して造形的な特徴などからイメージを捉えたりできるようになるなど，単に暗記することに終始するような知識ではなく，美術の学習の中で生きて働く知識として実感的に理解した実現状況を評価することが求められる。

　題材の評価規準は，〔共通事項〕(1)について，学習指導要領の「2　内容の取扱いと指導上の配慮事項」の〔共通事項〕の取扱いと題材との関連を考慮しながら，「内容のまとまりごとの評価規準(例)」を，そのまま使用したり，具体的な学習活動を踏まえ言葉を省略や変更したりすることで作成することができる。（**【図表②】**参照）

**【図表②】**

**事例1「花の命を感じて」の「知識・技能」の知識に関する題材の評価規準の作成**

　第1学年の「感じ取ったことや考えたことなどを基にした表現」の「内容のまとまりごとの評価規準（例）」に示された「知識・技能」（知識）の評価規準

> ・形や色彩，材料，光などの性質や，それらが感情にもたらす効果などを理解している。
> ・造形的な特徴などを基に，全体のイメージや作風などで捉えることを理解している。

⇓

　事例1「花の命を感じて」における「知識・技能」（知識）の題材の評価規準

> 知 形や色彩などが感情にもたらす効果や，造形的な特徴などを基に，美しさや生命感などを全体のイメージで捉えることを理解している。

※下線部，下線部は変更箇所

○技能に関する題材の評価規準

　この観点は，造形的な見方・考え方を働かせて，発想や構想をしたことなどを基に表すために，材料，用具などの表現方法などを身に付け，感性や造形感覚，美的感覚などを働かせて，表現方法を工夫し創造的に表すなどの技能に関する資質・能力を評価するものである。技能は，制作が進む中で徐々に作品に具体的な形となって現れるものである。そのため制作途中の作品を中心に，完成作品からも再度評価し，生徒の創造的に表す技能の高まりを読み取ることが大切である。

　題材の評価規準は，「A表現」(2)の内容を基に題材との関連を考慮しながら，「内容のまとまりごとの評価規準(例)」を，そのまま使用したり，具体的な学習活動を踏まえ言葉を省略や変更したりすることで作成することができる。

## （2）「思考・判断・表現」

### ○発想や構想に関する題材の評価規準

　この観点は，造形的な見方・考え方を働かせて，自己の内面などを見つめて，感じ取ったことや考えたことなどを基に主題を生み出し，それらを基に創造的な構成を工夫したり，目的や条件などを基に主題を生み出し，分かりやすさや使いやすさと美しさなどとの調和を考え，構想を練ったりするなどの発想や構想に関する資質・能力を評価するものである。発想や構想は，制作が進む中で徐々に具体的な形になり，更にそこから深まることが多い。そのため制作途中の作品を中心に，完成作品からも再度評価し，生徒の発想や構想に関する資質・能力の高まりを読み取ることが大切である。

　題材の評価規準は，「A表現」(1)の内容を基に題材との関連を考慮しながら，「内容のまとまりごとの評価規準(例)」を，そのまま使用したり，具体的な学習活動を踏まえ言葉を省略や変更したりすることで作成することができる。

### ○鑑賞に関する題材の評価規準

　この観点は，造形的な見方・考え方を働かせて，自然や生活の中の造形，美術作品や文化遺産などから，よさや美しさなどを感じ取り，作者の心情や表現の意図と工夫，生活や社会の中の美術の働きや美術文化について考えるなどして見方や感じ方を広げたり深めたりする鑑賞に関する資質・能力を評価するものである。題材によっては，鑑賞的な活動が位置付けられていても，それが発想や構想に関する学習を深めるための活動であったり，主体的に学習に取り組む態度を高めるための活動であったりすることも考えられるため，活動のねらいを確認するなど評価規準の設定には留意する必要がある。

　題材の評価規準は，「B鑑賞」(1)の内容を基に題材との関連を考慮しながら，「内容のまとまりごとの評価規準(例)」を，そのまま使用したり，具体的な学習活動を踏まえ言葉を省略や変更したりすることで作成することができる。

## （3）「主体的に学習に取り組む態度」

　この観点の評価対象は，生徒が「知識及び技能」，「思考力，判断力，表現力等」を身に付けようとしたり，発揮しようとしたりすることへ向かう主体的な学習に対する態度である。例えば表現活

動では，発想や構想を練るためにアイデアスケッチを熱心に繰り返し描いたり，創造的に表す技能を働かせるために絵の具で色を試したり塗り重ねたりするような能動的な姿が授業の中で現れることがある。また，鑑賞活動では，生徒が主体的に作品などの造形的なよさや美しさを感じ取り，作者の心情や表現の意図と工夫などについて考えるなどして，見方や感じ方を深めようとしていく姿が見られることがある。評価を通して，表現活動においては，机間指導等の際にこのような試行錯誤を繰り返し粘り強く取り組んだり，よりよい表現を目指して構想や技能を，工夫改善したりしていく様子などの姿を捉えながら指導と評価を行うことが大切である。また，鑑賞活動においては，作品などを鑑賞し，造形的な視点を活用しながら造形的なよさや美しさを感じ取ろうとしたり，作者の心情や表現の意図と工夫などについて考えようとしたりするなどの意欲や態度を高めることが大切である。

　題材の評価規準は，題材の内容に応じて，学年の「観点及びその趣旨」との関連を考慮しながら，「内容のまとまりごとの評価規準（例）」を，そのまま使用したり，具体的な学習活動を踏まえ言葉を省略や変更したりすることで作成することができる。（【図表③】参照）その際，「内容のまとまりごとの評価規準（例）」に示された「主体的に学習に取り組む態度」の評価規準は，各「内容のまとまり」ごとにおける全ての「知識・技能」，「思考・判断・表現」の観点の評価に対応して示されているものであることから，題材において評価に用いるときには，題材のそれぞれの時間の学習活動に該当する「知識・技能」，「思考・判断・表現」の題材の評価規準と対応させて，より具体的に生徒の「主体的な学習に取り組む態度」における実現状況を見取ることが大切である。


## 【図表③】

### 事例1「花の命を感じて」の「主体的に学習に取り組む態度」に関する題材の評価規準の作成

　第1学年の「感じ取ったことや考えたことなどを基にした表現」の「内容のまとまりごとの評価規準（例）」に示された「主体的に学習に取り組む態度」の評価規準

> ・美術の創造活動の喜びを味わい楽しく<u>感じ取ったことや考えたこと</u>などを基に<u>した表現</u>の学習活動に取り組もうとしている。

　事例1「花の命を感じて」における「主体的に学習に取り組む態度」（表現）の題材の評価規準

> 態表　美術の創造活動の喜びを味わい楽しく<u>花の美しさや生命感</u>などを基に<u>構想を練ったり，意図に応じて工夫して表したりする表現</u>の学習活動に取り組もうとしている。

※<u>下線部</u>，<u>下線部</u>は変更箇所

# 第2章　学習評価に関する事例について

## 1　事例の特徴

　第1編第1章2（4）で述べた学習評価の改善の基本的な方向性を踏まえつつ，平成29年改訂学習指導要領の趣旨・内容の徹底に資する評価の事例を示すことができるよう，本参考資料における事例は，原則として以下のような方針を踏まえたものとしている。

○　**題材に応じた評価規準の設定から評価の総括までとともに，生徒の学習改善及び教師の指導改善までの一連の流れを示している**

　　本参考資料で提示する事例は，いずれも，題材の評価規準の設定から評価の総括までとともに，評価結果を生徒の学習改善や教師の指導改善に生かすまでの一連の学習評価の流れを念頭においたものである（事例の一つは，この一連の流れを特に詳細に示している）。なお，観点別の学習状況の評価については，「おおむね満足できる」状況，「十分満足できる」状況，「努力を要する」状況と判断した生徒の具体的な状況の例などを示している。「十分満足できる」状況という評価になるのは，生徒が実現している学習の状況が質的な高まりや深まりをもっていると判断されるときである。

○　**観点別の学習状況について評価する時期や場面の精選について示している**

　　報告や改善等通知では，学習評価については，日々の授業の中で生徒の学習状況を適宜把握して指導の改善に生かすことに重点を置くことが重要であり，観点別の学習状況についての評価は，毎回の授業ではなく原則として単元や題材など内容や時間のまとまりごとに，それぞれの実現状況を把握できる段階で行うなど，その場面を精選することが重要であることが示された。このため，観点別の学習状況について評価する時期や場面の精選について，「指導と評価の計画」の中で，具体的に示している。

○　**評価方法の工夫を示している**

　　生徒の反応やノート，ワークシート，作品等の評価資料をどのように活用したかなど，評価方法の多様な工夫について示している。

## 2 各事例概要一覧と事例

事例1 キーワード　指導と評価の計画から評価の総括まで
「花の命を感じて」（第１学年）

　感じ取ったことや考えたことなどを基にした表現と作品の鑑賞の学習活動から，題材の評価規準の設定，各観点の具体的な評価の考え方や方法，観点別学習状況の評価の総括に至る一連の流れを示した事例である。

事例2 キーワード　「思考・判断・表現」の評価
「私たちの町を案内しよう　〜多様な人々に伝わるピクトグラムの制作〜」（第３学年）

　「思考力，判断力，表現力等」に位置付けられている発想や構想に関する資質・能力と鑑賞に関する資質・能力の双方に働く中心となる考えを重視した学習活動における「思考・判断・表現」の評価の考え方や具体的な方法を示した事例である。

事例3 キーワード　「知識」を活用した鑑賞の評価
「発見！日本の美　〜日本美術のよさや特徴について語り合おう〜」（第３学年）

　独立した鑑賞の活動で活用した「知識」の具体的な評価方法やワークシートの活用例などを示した事例である。

事例4 キーワード　「主体的に学習に取り組む態度」の評価
「視点を感じて　〜写そう　私の〇〇な情景〜」（第２学年）

　「知識及び技能」を習得したり，「思考力，判断力，表現力等」を発揮したりすることに向けた粘り強い取組を行おうとしている側面と，その中で自らの学習を調整しようとする側面という二つの側面を一体的に見取るための考え方や具体的な方法を示した事例である。

美術科　　事例1
キーワード　指導と評価の計画から評価の総括まで

| 題材名 | 内容のまとまり |
|---|---|

題材名

　　花の命を感じて

内容のまとまり
第1学年　「感じ取ったことや考えたことなどを基にした表現」（「A表現」(1)ア(ア)，(2)ア(ア)，〔共通事項〕(1)アイ）及び「作品や美術文化などの鑑賞」（「B鑑賞」(1)ア(ア)，〔共通事項〕(1)アイ）

＜題材の概要＞

　　花を見つめ感じ取った花や葉の形や色彩の特徴や美しさ，生命感などを基に主題を生み出し，全体と部分などの関係を考え創造的な構成を工夫し，心豊かに表現する構想を練る。水彩絵の具の基本的な使い方を身に付けるとともに，様々な表現方法を試しながらその効果を生かし，発想や構想をしたことを基に自分の表したい花を工夫して表す。また，完成した生徒同士の作品を鑑賞し，造形的なよさや美しさを感じ取り，作者の心情や表現の意図と工夫などについて考えるなどして，見方や感じ方を広げる。

＜生徒作品例＞

作品名「鮮やかな季節」

作品名「おだやかな時間」

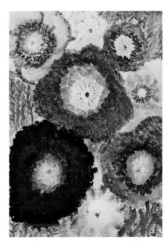
作品名「生き生きと輝く仲間たち」

＜関連する学習指導要領の内容＞

○「A表現」(1) 表現の活動を通して，次のとおり発想や構想に関する資質・能力を育成する。

　ア　感じ取ったことや考えたことなどを基に，絵や彫刻などに表現する活動を通して，発想や構想に関する次の事項を身に付けることができるよう指導する。

　　(ア) 対象や事象を見つめ感じ取った形や色彩の特徴や美しさ，想像したことなどを基に主題を生み出し，全体と部分との関係などを考え，創造的な構成を工夫し，心豊かに表現する構想を練ること。

○「A表現」(2) 表現の活動を通して，次のとおり技能に関する資質・能力を育成する。

　ア　発想や構想をしたことなどを基に，表現する活動を通して，技能に関する次の事項を身に付けることができるよう指導する。

　　(ア) 材料や用具の生かし方などを身に付け，意図に応じて工夫して表すこと。

○「B鑑賞」(1) 鑑賞の活動を通して，次のとおり鑑賞に関する資質・能力を育成する。

　ア　美術作品などの見方や感じ方を広げる活動を通して，鑑賞に関する次の事項を身に付けることができるよう指導する。

　(ｱ) 造形的なよさや美しさを感じ取り，作者の心情や表現の意図と工夫などについて考えるなどして，見方や感じ方を広げること。

○〔共通事項〕(1)「A表現」及び「B鑑賞」の指導を通して，次の事項を身に付けることができるよう指導する。

　ア　形や色彩，材料，光などの性質や，それらが感情にもたらす効果などを理解すること。

　イ　造形的な特徴などを基に，全体のイメージや作風などで捉えることを理解すること。

　学習指導要領の「A表現」，「B鑑賞」，〔共通事項〕の各項目は，評価の観点と対応するように整理している。また，「主体的に学習に取り組む態度」は，これらの学習指導要領に基づいた資質・能力を身に付けようとしたり，発揮しようとしたりする態度として整理している。(【図表①】参照)

**【図表①】学習指導要領と評価の観点との関連**

| 領域等 | 項目と育成する資質・能力との関係 | 評価の観点 |
|---|---|---|
| A表現 | (1)発想や構想に関する資質・能力 | 「思考・判断・表現」 |
| | (2)技能に関する資質・能力 | 「知識・技能」（技能） |
| B鑑賞 | (1)鑑賞に関する資質・能力 | 「思考・判断・表現」 |
| 〔共通事項〕 | (1)造形的な視点を豊かにするための知識 | 「知識・技能」（知識） |

## 1　題材の目標

(1)「知識及び技能」に関する題材の目標

　・形や色彩などが感情にもたらす効果や，造形的な特徴などを基に，美しさや生命感などを全体のイメージで捉えることを理解する。(〔共通事項〕)

　・水彩絵の具の生かし方などを身に付け，意図に応じて工夫して表す。(「A表現」(2))

(2)「思考力，判断力，表現力等」に関する題材の目標

　・花を見つめ感じ取った花や葉の形や色彩の特徴や美しさ，生命感などを基に主題を生み出し，画面全体と花や葉との関係などを考え，創造的な構成を工夫し，心豊かに表現する構想を練る。(「A表現」(1))

　・造形的なよさや美しさを感じ取り，作者の心情や表現の意図と工夫などについて考えるなどして，見方や感じ方を広げる。(「B鑑賞」(1))

(3)「学びに向かう力，人間性等」に関する題材の目標

　・美術の創造活動の喜びを味わい，楽しく花の美しさや生命感などを基に表現したり鑑賞したりする学習活動に取り組もうとする。

## 2　題材の評価規準の作成

(1)「内容のまとまりごとの評価規準（例）」から題材の評価規準を作成する

実際の授業において作成する題材の評価規準は，本参考資料第2編に示された「内容のまとまりごとの評価規準（例）」を基に題材の内容に合わせて作成することが考えられる。その際，学習指導要領に示された教科及び学年の目標を踏まえて「評価の観点及びその趣旨」が作成されていることを理解した上で，次の2点について留意する必要がある。一つ目は，美術科における「内容のまとまり」と「評価の観点」との関係を確認すること。二つ目は「内容のまとまりごとの評価規準（例）」が，第2編に示された【観点ごとのポイント】を踏まえて作成されているということについて理解しておくことである。これらの2点を押さえて題材の評価規準を作成し，単に作業的にならないようにすることが大切である。

　本事例，「花の命を感じて」における「知識・技能」（知識），「思考・判断・表現」（発想や構想）の題材の評価規準は，該当する「内容のまとまりごとの評価規準（例）」の一部（＿＿＿＿）を，題材の内容に合わせて関連する表現（＿＿＿＿）に変更したり，複数の「内容のまとまりごとの評価規準（例）」を組み合わせたりして作成している。（【図表②】を参考）

## 【図表②】

**●「知識・技能」の知識に関する題材の評価規準の作成**

第1学年の「感じ取ったことや考えたことなどを基にした表現」の「内容のまとまりごとの評価規準（例）」に示された「知識・技能」（知識）の評価規準

> ・形や色彩，材料，光などの性質や，それらが感情にもたらす効果などを理解している。
> ・造形的な特徴などを基に，全体のイメージや作風などで捉えることを理解している。

⇓

「花の命を感じて」における「知識・技能」（知識）の題材の評価規準

> 知　形や色彩などが感情にもたらす効果や，造形的な特徴などを基に，美しさや生命感などを全体のイメージで捉えることを理解している。

**●「思考・判断・表現」の発想や構想に関する題材の評価規準の作成**

第1学年の「感じ取ったことや考えたことなどを基にした表現」の「内容のまとまりごとの評価規準（例）」に示された「思考・判断・表現」（発想や構想）の評価規準

> ・対象や事象を見つめ感じ取った形や色彩の特徴や美しさ，想像したことなどを基に主題を生み出し，全体と部分との関係などを考え，創造的な構成を工夫し，心豊かに表現する構想を練っている。

⇓

「花の命を感じて」における「思考・判断・表現」（発想や構想）の題材の評価規準

> 発　花を見つめ感じ取った花や葉の形や色彩の特徴や美しさ，生命感などを基に主題を生み出し，画面全体と花や葉との関係などを考え，創造的な構成を工夫し，心豊かに表現する構想を練っている。

● 「主体的に学習に取り組む態度」に関する題材の評価規準の作成

第1学年の「感じ取ったことや考えたことなどを基にした表現」の「内容のまとまりごとの評価規準（例）」に示された「主体的に学習に取り組む態度」の評価規準

> ・美術の創造活動の喜びを味わい楽しく<u>感じ取ったことや考えたこと</u>などを基に<u>した</u>表現の学習活動に取り組もうとしている。

⇓

「花の命を感じて」における表現の「主体的に学習に取り組む態度」の題材の評価規準

> 態表 美術の創造活動の喜びを味わい楽しく花の美しさや生命感などを基に構想を練ったり，意図に応じて工夫して表したりする表現の学習活動に取り組もうとしている。

### （2）「花の命を感じて」の題材の評価規準（第2編を参考に作成）

| 「知識・技能」 | 「思考・判断・表現」 | 「主体的に学習に取り組む態度」 |
|---|---|---|
| 知　形や色彩などが感情にもたらす効果や，造形的な特徴などを基に，美しさや生命感などを全体のイメージで捉えることを理解している。<br><br>技　水彩絵の具の生かし方などを身に付け，意図に応じて工夫して表している。 | 発　花を見つめ感じ取った花や葉の形や色彩の特徴や美しさ，生命感などを基に主題を生み出し，画面全体と花や葉との関係などを考え，創造的な構成を工夫し，心豊かに表現する構想を練っている。<br>鑑　造形的なよさや美しさを感じ取り，作者の心情や表現の意図と工夫などについて考えるなどして，見方や感じ方を広げている。 | 態表　美術の創造活動の喜びを味わい楽しく花の美しさや生命感などを基に構想を練ったり，意図に応じて工夫して表したりする表現の学習活動に取り組もうとしている。<br>態鑑　美術の創造活動の喜びを味わい楽しく造形的なよさや美しさを感じ取り，作者の心情や表現の意図と工夫などについて考えるなどの見方や感じ方を広げる鑑賞の学習活動に取り組もうとしている。 |

知＝「知識・技能」の知識に関する評価規準，技＝「知識・技能」の技能に関する評価規準，発＝「思考・判断・表現」の発想や構想に関する評価規準，鑑＝「思考・判断・表現」の鑑賞に関する評価規準，態表＝表現における「主体的に学習に取り組む態度」に関する評価規準，態鑑＝鑑賞における「主体的に学習に取り組む態度」に関する評価規準を表す。

※それぞれの評価規準は「内容のまとまりごとの評価規準（例）」を，そのまま使用したり，具体的な学習活動を踏まえ言葉を省略や変更したりするなどしている（下線部は変更箇所）。

### 3　指導と評価の計画（7時間）

| ●学習のねらい・学習活動 | 知・技 | 思 | 態 | 評価方法・留意点等 |
|---|---|---|---|---|
| **1．発想や構想（3時間）**<br><br>●作者の心情や意図に応じた多様な表現について考える。<br>・「花」をテーマにした作品を | 知<br>↓ | | 態表<br>↓ | 知 形や色彩などの効果や全体のイメージで捉えることを理解しているかどうかを見取り，できていない生徒に対して具体例を示すなどの指導を行う。【ワークシート，発言の内容】 |

鑑賞し，作者の意図や表し方などについて意見を述べ合いながら，主題と表現の工夫との関係について考えるとともに，形や色彩などが感情にもたらす効果や全体のイメージで捉えることを理解する。

●主題を生み出す。
・それぞれの生徒が鉢植えの植物を選び，その花を選んだ理由を考えてみたり，興味をもった花や葉の形や色彩の特徴などから感じたことや考えたことを言葉で書き表したりしながら，主題を生み出す。

●主題を基に構想を練る。
・生徒が生み出した主題を基に，画面全体と花や葉との関係を考え，創造的な構成を工夫し構想を練る。

| | | |
|---|---|---|
| 発 | | |

| | | |
|---|---|---|
| 発 | 態表 | |

2．制作（3時間）

●水彩絵の具の表し方を身に付ける。
・形や色彩などが感情にもたらす効果などを考えなが

| 技 | 態表 |
|---|---|

態表 形や色彩などの効果や全体のイメージで捉えることを理解しようとしたり，主題と表現の工夫について考えようとしたりする意欲や態度を見取り，できていない生徒に対して主題の内容から作品を再度見つめさせるなどの指導を行う。【ワークシート，活動の様子】

発 花を見つめ感じ取った花や葉の形や色彩の特徴や美しさ，生命感などを基に主題を生み出しているかを見取り，主題が生み出せていない生徒に花から感じ取ったことや考えたことなどを振り返らせるなどの手立てを講じる。【ワークシート】

態表 主題を生み出そうとしていない生徒を見取り，花と自己との関係を考えさせるなどの指導を行う。【ワークシート，活動の様子】

発 構想がまとまらない生徒を中心に見取り，できていない生徒に対して，形や色彩などの効果と主題との関係について考えさせたり，主題に基づいた全体のイメージを捉えさせたりするなどして指導を行う。【アイデアスケッチ】

態表 構想をしようとしていない生徒を見取り，生徒が選んだ花を再度見つめさせて主題を改めて考えさせたり，形や色彩などが感情にもたらす効果や，全体のイメージなどの造形的な視点に立って考えさせたりするなどの指導を行う。【アイデアスケッチ，活動の様子】

発 生徒が，主題を生み出し，創造的な構成を工夫し，心豊かに表現する構想を練っているかどうかを暫定的に評価し，第二次で再度評価を行う。【ワークシート，アイデアスケッチ】
態表 楽しく発想や構想の活動に取り組み，形や色彩の効果や全体のイメージで捉えることを理解しようとし，生み出した主題をよりよく表すために心豊かに構想しようとする態度を評価する。【活動の様子】

ら，水彩絵の具で，自己の構想に基づき，筆致を変えたり，絵の具の濃度などを変えたりするなど，様々な水彩絵の具の表し方を試す。

|技| 水彩絵の具の生かし方を身に付けられているかどうかや，様々な表し方を試して多様な表し方を身に付けているかどうかを見取り，できていない生徒には他の生徒の試作を紹介するなどして工夫について考えさせるような指導を行う。【試作の作品】

|態表| 水彩絵の具の様々な表し方を意欲的に試しているなどの態度を見取り，できていない生徒に対して参考作品を見せるなどして表現の工夫などについての興味や関心を高めるような指導を行う。【試作の作品，活動の様子】

●発想や構想を基に自分の意図に合う表現方法を工夫し表す。
・自分の意図に応じて，水彩絵の具や筆などの使い方を工夫して表す。また，制作の途中に鑑賞を行い，他者の作品を見たり自分の意図を説明したりすることにより，より表したいものを明確にしていくなどしながら作品を完成させる。

発

|技| |態表| 発想や構想をしたことなどを基に，意図に応じて様々な表し方を試して身に付けた水彩絵の具の生かし方を活用し工夫して表しているかどうかや，意欲的に工夫しているかなどの態度を見取り，実現できていない生徒に対して主題をもう一度見直させたり，表現の意図と水彩絵の具で試したことと関連させて再考させたりするなどの指導を行う。【制作途中の作品，活動の様子】

|発| 配色などがまとまらない生徒を中心に見取り，指導を行う。【制作途中の作品】

|知・技| 作品から水彩絵の具の生かし方などを身に付け，意図に応じて工夫して表しているかなどを見取るとともに，形や色彩などの効果や全体のイメージで捉えることを理解しているかどうかを併せて見取り，|知|と|技|を|知・技|として一体的に評価する。【作品，アイデアスケッチ，ワークシート等】

|発| 主題の変化や配色計画などの構想を含めて，発想や構想を再度見取り評価する。【作品】

|態表| 楽しく制作に取り組み，形や色彩の効果や全体のイメージで捉えることを理解しようとし，意図に応じて工夫して表そうとしている態度を評価する。【完成作品，活動の様子】

知・技　発　態表

3．鑑賞（1時間）

●生徒作品や美術作品などから，作者の心情や表現の意図と工夫などについて考え，見方や感じ方を広げる。
・お互いの完成した作品を鑑賞し，作品から感じたこと

知　鑑　態鑑

|知| 形や色彩などの効果や全体のイメージで捉えることを理解しているかどうかを見取り，できていない生徒に対して具体例を示すなどの指導を行う。【ワークシート，発言の内容】

| | | | 評価規準 |
|---|---|---|---|
| や考えたことを説明し合う。<br>・第一次とは異なる「花」をテーマにした作家の作品を鑑賞し，作品の主題と表現の関係や意図と工夫などについて自分の活動した体験から，新たな見方や感じ方を広げる。 | | 態鑑 | 鑑 態鑑 作品の造形的なよさや美しさを感じ取り，作者の心情や表現の意図と工夫などについて考えることなどができているかどうかなどと，取り組む態度とを見取り，できていない生徒に対して主題から作品を見つめさせたり，作者の心情について考えさせたりするなどの指導を行う。【発言の内容，ワークシート，活動の様子】<br><br>態鑑 楽しく作品を鑑賞し，形や色彩の効果や全体のイメージで捉えることを理解しようとし，造形的なよさや美しさを感じ取ろうとしたり，作者の心情や表現の意図と工夫などについて考えようとしたりしているかどうかを評価する。【活動の様子】 |
| <授業外：題材が終了後> | 知・技<br>鑑<br>発 | | 知・技 完成作品やワークシートなどから 知・技 の評価を再確認し，必要に応じて修正する。【完成作品，アイデアスケッチ，ワークシート】<br>鑑 作品の造形的なよさや美しさを感じ取り，作者の心情や表現の意図と工夫などについて考えて見方や感じ方を広げられているかをワークシートで見取り評価する。【ワークシート】<br>発 発想や構想について，主題や構想の工夫などを記述したワークシート等を完成作品と併せて再度見取り必要に応じて修正する。【完成作品，アイデアスケッチ，ワークシート】 |

※「指導と評価の計画」における記号等の表記は，以下の通りである。

● □ は，授業の中で評価規準を通して，生徒の学習の実現状況を見取り，生徒の学習の改善や，教師の指導の改善につなげるために用いる「題材の評価規準」を示す。

● □ は，題材の観点別学習状況の評価の総括に用いる「題材の評価規準」（授業内での評価を再確認するための評価も含む）を示す。ここでの評価が最終的に評定の総括にも用いられることになる。

● ⌐‐¬ は，授業の中で評価規準を通して，生徒の学習の実現状況を見取り，生徒の学習の改善や，教師の指導の改善につなげる留意点等について示している。

● **ゴシック体**は，題材の観点別学習状況の評価の総括に用いる評価についての評価方法や留意点等について示している。

●【　】は，評価の方法や生徒の学習の実現状況を見取るための資料を示す。

## 4 観点別学習状況の評価の進め方

### （1）概要

　美術の表現活動においては，「知識及び技能」である〔共通事項〕が示す造形的な視点の理解や創造的に表す技能と，「思考力，判断力，表現力等」の発想や構想に関する資質・能力は，制作が進む中で徐々に作品に具体的な形となって現れるものである。そのため，造形的な視点についての理解や創造的に表す技能，発想や構想に関する資質・能力は，机間指導をする中で制作途中の作品から見取

ることができるという特色がある。

　表現活動の途中で評価を行う際には，次のような考え方に基づいて整理をしている。「題材の評価規準」に示されている実現状況を見取るためには，制作を始めた初期の作品よりも，様々な資質・能力等が働いた跡が見られる完成間近の作品や完成作品から評価をすることが妥当であると考えられる。しかし，最終的に目標を実現するためには，まず主題を生み出し，次にアイデアスケッチ等で知識なども活用しながら構想を練り，最後に材料や用具を生かして作品を制作するといったそれぞれの学習が確実に行われることが大切である。そのため，それぞれの段階で「題材の評価規準」を位置付け，学習のねらいが実現できていない生徒を見取り指導をし，一人一人の生徒が段階を追って確実に学習を進められるようにしている。その際，例えばアイデアスケッチ段階の発想や構想の評価は，配色等が十分見取れないので，暫定的に「おおむね満足できる」状況（B）等を評価し，完成が近付いた時点で再度評価を行い，最終的に授業外での完成作品で評価を確定するようにしている。

　また，「知識・技能」の知識については，前半に「形や色彩などが感情にもたらす効果や，造形的な特徴などを基に全体のイメージで捉えること」を理解させ，その後の表現の活動を通して，その知識が単に暗記的な理解ではなく，造形的な視点として実感的な理解をしているかどうかを重視して評価するようにしている。本事例では，「形や色彩などが感情にもたらす効果や，造形的な特徴などを基に全体のイメージで捉えること」について実感的な理解をしていれば，そのことは作品にも表れてくると考えられる。そのことから，授業の前半の囲知の評価は，生徒の学習の実現状況を見取り，生徒の学習の改善や，教師の指導の改善につなげるために用いる。授業の後半で完成が近付いた時点で，作品やアイデアスケッチ，ワークシートなどから，形や色彩などが感情にもたらす効果や，美しさや生命感などの全体のイメージを意識して表現しているかどうかを囲知と囲技を合わせて一体的に評価している。また，創造的に表す技能が十分に身に付いていないことで完成作品からだけでは囲知が見取れない生徒については，発想や構想の段階におけるアイデアスケッチなどと併せて見取るようにした。

　鑑賞活動においては，学習活動の観察を中心に囲鑑，囲態鑑の評価規準を，生徒の学習の改善や，教師の指導の改善につなげるために用いながら授業を行う。第三次は，囲態鑑の評価のみを確定し，囲鑑の評価は授業外のワークシートの記述等から評価している。

## （2）事例における観点別学習状況の判断の例

| | 題材の評価規準 | ◎Aの具体例　■Cへの手立て |
|---|---|---|
| 囲知 | 形や色彩などが感情にもたらす効果や，造形的な特徴などを基に美しさや生命感などを全体のイメージで捉えることを理解している。 | ◎形や色彩などが感情にもたらす効果を多様な視点から理解していたり，幅広い視野に立って造形的な特徴などを基に，美しさや生命感などの全体のイメージなどで捉えたりすることを理解している。<br>■形や色彩などが感情にもたらす効果をより実感的に理解できるよう，身近な体験などと関連付けて考えさせる。 |
| 囲技 | 水彩絵の具の生かし方などを身に付け，意図に応じて工夫して表している。 | ◎身に付けた水彩絵の具の生かし方を基に，表現方法の試行錯誤を重ね，表現の意図に応じて創意工夫し，よりよく表している。<br>■具体的な筆づかいや水彩絵の具の生かし方について実演を行いながら説明し，試させたり，主題を確認させて生徒自身が表したいことを整理させたりする。 |

| | | |
|---|---|---|
| 発 | 花を見つめ感じ取った花や葉の形や色彩の特徴や美しさ，生命感などを基に主題を生み出し，画面全体と花や葉との関係を考え，創造的な構成を工夫し，心豊かに表現する構想を練っている。 | ◎花を深く見つめて幅広い視点から花や葉の形や色彩の特徴や美しさ，生命感などを基に主題を生み出し，独創的な視点から画面全体と花や葉などとの関係などを考え，創造的な構成を工夫し，心豊かに表現する構想を練っている。<br>■様々な花を用意し，他の花に向き合わせたり，身近な体験などと関連付け，再度主題について考えさせたりする。また全体と部分の関係が分かりやすい作品を用い表現の意図と工夫について考えさせる。 |
| 鑑 | 造形的なよさや美しさを感じ取り，作者の心情や表現の意図と工夫などについて考えるなどして，見方や感じ方を広げている。 | ◎多様な視点に立って，造形的なよさや美しさをより深く感じ取り，主題と表現の意図と工夫などについて関連付けて捉え，自分なりの根拠をもって考え，見方や感じ方を広げている。<br>■生徒自身の表現の活動における主題と表現の意図と工夫について振り返らせて，表現で学んだことと関連させながら見方や感じ方を広げられるようにする。 |
| 態表 | 美術の創造活動の喜びを味わい楽しく花の美しさや生命感などを基に構想を練ったり，意図に応じて工夫して表したりする表現の学習活動に取り組もうとしている。 | ◎自ら進んで表現の活動に楽しく関わり，常によりよい表現を目指して，形や色彩の効果や全体のイメージで捉えようとしたり，独創的な視点から心豊かに表現する構想を練ろうとしたりすることや，表現方法の試行錯誤を重ねて創意工夫しようとし，粘り強く表そうとしている。<br>■形や色彩などが感情にもたらす効果をより実感的に理解できるよう，身近な体験などと関連付け考えさせたり，主題を確認させて生徒自身が表したいことを整理させたりして，再度主題について考えさせる。 |
| 態鑑 | 美術の創造活動の喜びを味わい楽しく造形的なよさや美しさを感じ取り，作者の心情や表現の意図と工夫などについて考えるなどの見方や感じ方を広げる鑑賞の学習活動に取り組もうとしている。 | ◎自ら進んで楽しみながら，形や色彩の効果や全体のイメージで捉えようとしたり，作品のよさや美しさなどを新しい視点を探しながら感じ取ろうとしたりし，見方や感じ方を粘り強く広げようとしている。<br>■自分の作品の意図と関連させ，他者の作品の特徴やイメージなどについて気付かせるようにする。 |

## （3）本題材における指導と評価の流れ

### ア「知識・技能」

（ア）「造形的な視点を豊かにするための知識」

　この観点は，花や葉の形や色彩の特徴を感じ取ったり，表したりするための「知識」として，形や色彩などが感情にもたらす効果や，造形的な特徴などを基に，美しさや生命感などを全体のイメージで捉えることの理解について評価するものである。ここでの知識は，表現や鑑賞の場面において，学んだ知識を生かして，形や色彩などの造形の要素に着目してそれらの働きを捉えたり，全体に着目して造形的な特徴などからイメージを捉えたりできるようになるなど，単に暗記することに終始するような知識ではなく，美術の学習の中で生きて働く知識として実感的に理解した実現状況を評価することが求められる。

知（第一次，第二次，第三次，授業外）

　第一次では，形や色彩などが感情にもたらす効果についての学習や，花や参考作品などを見る活

動を通して，造形的な特徴などを基に，美しさや生命感などの全体のイメージで捉えることについて理解ができるようにする。ここでは形や色彩などの造形の要素に着目してそれらの働きを捉えたり，全体に着目して造形的な特徴などからイメージを捉えたりするなどの造形的な視点を豊かにすることが重要である。ここでの評価は，授業の中で，生徒の学習の実現状況を見取り，生徒の学習の改善や，教師の指導の改善につなげるために用いる。そして，第一次の発想や構想をする場面，第二次の創造的に表す技能を働かせる場面，第三次における感じ取ったり，考えたりする鑑賞の場面のそれぞれにおいて，造形の要素の働きについて意識を向けて考えたり，大きな視点に立って対象のイメージを捉えたりできるようにし，表現及び鑑賞の学習を深めることができるようにすることに重点を置く。

本題材では，観点別学習状況の評価の総括に用いる評価としては，「形や色彩などが感情にもたらす効果や，造形的な特徴などを基に，全体のイメージで捉えること」について実感的な理解をしていれば，そのことは作品にも現れてくると考えられる。そのことから，第二次において作品から，技の水彩絵の具の生かし方などを身に付け，意図に応じて工夫して表しているかを評価する際に，知の形や色彩などが感情にもたらす効果や，造形的な特徴などを基に，美しさや生命感などの全体のイメージで捉えることを理解していることを併せて見取り，知と技を一体的に評価している。単に，花の形を描き，花びらは赤で，葉や茎は緑で塗るのではなく，例えば，発想や構想をしたことなどを基に，花の柔らかさやあたたかさ，全体のイメージなどを意識しながら花びらの形を描いたり着彩したりすることが大切であり，評価もその視点から知と技を一体的に行うことが考えられる。また，ある程度，造形的な視点について理解はしているが，創造的に表す技能が十分に身に付いていないことで完成作品からだけでは知が見取れない生徒がいることも考えられるため，授業外において，発想や構想の学習で作成したスケッチや，鑑賞活動でのワークシートなどで再確認することとした。

右の生徒のワークシートでは，たくさんの花をそれぞれが輝く仲間に見立てて，色々な花がどんどん咲いてきて生き生きとしたあたたかい感じが出るように表すために，花の大きさを変えたり，にじみや色を重ねたりするなどの工夫が読み取れる。作品やワークシートの記述からは，この生徒が，形や色彩などが感情にもたらす効果や，造形的な特徴などを基に，美しさや生命感などを全体のイメージで捉えることを理解しながら，意図に応じて工夫して表していることを見取ることができる。

(ｲ)「技能に関する資質・能力」

この観点は，材料や用具の生かし方などを身に付け，生徒が意図に応じて工夫して創造

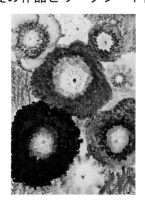

＜生徒の作品とワークシート例＞

＜生徒のワークシートの記述（部分）＞
作品名「生き生きと輝く仲間たち」
色々な花がどんどん咲いてきて生き生きとしたあたたかい感じが出るように，花の大きさを変えたり，にじみや色を重ねたりして表してみました。

的に表している状況を評価するものである。技能は，制作が進む中で徐々に作品に具体的な形となって現れるものである。そのため制作途中の作品を中心に，完成作品からも再度評価し，生徒の創造的に表す技能の高まりを読み取ることが大切である。

技 （第二次，授業外）

　ここでは，第二次の１時間目において，水彩絵の具の生かし方を身に付けているかどうかを見取り，身に付けられていない生徒の指導を中心に行う。制作が進んできた２時間目から３時間目にかけて，多くの生徒が水彩絵の具の使い方を工夫して表現できるようになってきた時点で，工夫等ができていない生徒に重点を置いて見取るとともに，工夫等ができるように指導をする。完成が近付いてくる第二次の後半は，「十分満足できる」状況（Ａ）と判断される生徒も見取れるようになり，授業中での評価を確定する。また，授業中に評価を行った後に作品が変化する場合もあるので，さらに作品の完成後，授業外に完成作品をワークシート等と見比べながら完成作品からも再度確認することが大切である。

**イ「思考・判断・表現」**

(ｱ)「発想や構想に関する資質・能力」

　この観点は，生徒が花を見つめ感じ取った花や葉の形や色彩の特徴や美しさ，生命感などを基に主題を生み出し，画面全体と花や葉との関係などを考え，創造的な構成を工夫し，心豊かに表現する構想を練る資質・能力を評価するものである。発想や構想は，制作が進む中で徐々に具体的な形になり，更にそこから深まることが多い。そのため制作途中の作品を中心に，完成作品からも再度評価し，生徒の発想や構想に関する資質・能力の高まりを読み取ることが大切である。

発 （第一次，第二次，授業外）

　第一次の前半では，生徒が主題を生み出すことが重要である。そのため，１時間目の後半から２時間目には主題が生み出せていない生徒を把握することに重点を置き，主題を生み出せるように指導をする。ここで主題を生み出すことは，本学習を進めるうえで基盤となるものであり，発想や構想を高めるための重要な部分であるので，一人一人の生徒が主題を生み出すことができるように，丁寧に見取り指導をしていくことが大切である。その際，「知識」と関連付け，造形的な視点を豊かにもちながら，主題を生み出せるよう留意する。ワークシートなどの記述や思考を深めるための図解などを利用し，生徒が考えを可視化したものを評価資料とすることが考えられる。

　後半では，主題を基に，豊かに構想を練ることが重要である。後半初期の構想を練り始めた段階では評価の記録を取らず，生徒が共通につまずいている点を学級全体に指導したり，個々の生徒の課題に対して個別の指導をしたりする。学習が進み多くの生徒の構想がまとまってきた時点で，まだ構想がまとまらない生徒に重点を置いて見取るとともに，構想がまとまるように指導し，暫定的に評価する。

　第二次では，制作の中で配色などの構想も見取れるようになる。作品の完成が近付いてくる段階では，「十分満足できる」状況（Ａ）と判断される生徒も見取れるようになり，授業中での評価を確定する。また，ここでの評価も創造的に表す技能と同様に，授業外においても再度評価し，授業

中での評価より高まりがあった場合には修正を加える。

(ｲ)「鑑賞に関する資質・能力」

　この観点は，造形的なよさや美しさを感じ取り，作者の心情などについて考えるなどして，見方や感じ方を広げるなどの資質・能力を評価するものである。本事例では，第一次にも鑑賞的な活動が位置付けられているが，ここでのねらいは，発想や構想に関する学習を深めるための活動であるため 鑑 は位置付けていない。第三次の鑑賞の活動は，作品から造形的なよさや美しさを感じ取り，作者の心情や表現の意図と工夫などについて考えるなどして，見方や感じ方を広げることをねらいとしていることから， 鑑 の評価の対象として位置付けている。

鑑 （第三次，授業外）

　ここでは，生徒作品を相互に鑑賞したり，花をテーマに描いた作家の作品を鑑賞したりし，造形的なよさや美しさを感じ取り，自分との関わりで作者の心情や表現の意図と工夫などを考えたりしながら見方や感じ方を広げているかどうかを見取る。ここでの評価は，生徒のワークシートの記述や発言の内容から行うことになる。しかし，授業中に鑑賞の指導をしながら全ての生徒を評価することは困難であることから，授業中は，ワークシートの記述や発言の内容等から，鑑賞が深まっていない視点等について，個々の生徒や学級全体に助言をすることに重点を置く。加えて，生徒の発言の内容に，「十分満足できる」状況（A）に該当するものがある場合には，その評価を記録しておく。観点別学習状況の評価の総括に用いるための評価は，授業終了後にワークシートの記述を基に評価をすることが基本になる。その際，ワークシートの記述からの評価では「おおむね満足できる」状況（B）であるが，授業中の発言の内容は「十分満足できる」状況（A）と判断される場合には，「十分満足できる」状況（A）と評価することなどが考えられる。

## ウ「主体的に学習に取り組む態度」

　この観点は，生徒が「知識及び技能」，「思考力，判断力，表現力等」を身に付けようとしたり，発揮しようとしたりすることへ向かう主体的な学習に対する態度を評価するものである。特に表現活動では，発想や構想を練るためにアイデアスケッチを熱心に繰り返し描いたり，創造的に表す技能を働かせるために絵の具で色を試したり塗り重ねたりするような能動的な姿が授業の中で現れることがある。机間指導等の際にこのような試行錯誤を繰り返し粘り強く取り組んだり，よりよい表現を目指して構想や技能を，工夫改善したりしていく様子などの姿を捉えながら指導と評価を行うことが大切である。

　本事例に該当する第１学年では，「評価の観点及びその趣旨」において「美術の創造活動の喜びを味わい楽しく表現及び鑑賞の学習活動に取り組もうとしている。」としており，その趣旨に応じて生徒の実現状況を見取ることが求められる。ここでの「楽しく」とは，単に表面的な楽しさだけではなく，夢や目標の実現に向けて追求し，自己実現していく充実感を伴った喜びのことである。それは，生徒一人一人が，目標の実現のために創意工夫を重ね，一生懸命に取り組む中から生じる質の高い楽しさである。創造活動の喜びは，新しいものをつくりだす表現及び鑑賞の活動を通して，個性やよさを発揮して自己実現したときに味わえる喜びである。したがって，第１学年の「主体的に学習に取り

組む態度」の評価では，生徒自らが学習の目標を明確にもち，その実現に向けて意欲的に取り組む学習の過程を大切にすることに留意する。

　本事例では，第3編「2　題材の評価規準の作成のポイント（2）『内容のまとまりごとの評価規準（例）』の活用『題材の評価規準を作成する』」で示したとおり，「内容のまとまりごとの評価規準（例）」から題材の「主体的に学習に取り組む態度」の評価規準を作成している。本参考資料第2編の「内容のまとまりごとの評価規準（例）」に示された「主体的に学習に取り組む態度」の評価規準は，各領域の「内容のまとまり」ごとの全体におけるものとして示されているものであることから，題材において評価に用いるときには，題材のそれぞれの時間の学習活動に該当する「知識・技能」，「思考・判断・表現」の題材の評価規準と対応させて，より具体的に生徒の「主体的に学習に取り組む態度」における実現状況を見取ることが大切である。（【図表③】参照）

---

【図表③】本事例「花の命を感じて」の第一次における「●主題を生み出す」「●主題を基に構想を練る」学習活動の「主体的に学習に取り組む態度」の評価の例

「主体的に学習に取り組む態度」の評価規準

評価する。　主体的に学習に取り組む態度を身に付けようとしたり，発揮しようとすることへ向かおうとし　学習活動における「知識及び技能」，「思考力，判断力，表現力等」

態表　美術の創造活動の喜びを味わい楽しく花の美しさや生命感などを基に構想を練ったり，意図に応じて工夫して表したりする表現の学習活動に取り組もうとしている。

「知識・技能」（知識）の評価規準

知　形や色彩などが感情にもたらす効果や，造形的な特徴などを基に，美しさや生命感などを全体のイメージで捉えることを理解している。

「思考・判断・表現」（発想や構想）の評価規準

発　花を見つめ感じ取った花や葉の形や色彩の特徴や美しさ，生命感などを基に主題を生み出し，画面全体と花や葉との関係などを考え，創造的な構成を工夫し，心豊かに表現する構想を練っている。

※本事例の題材の表現に関する「主体的に学習に取り組む態度」の評価規準 態表 は，第一次の発想や構想の学習活動における「主体的に学習に取り組む態度」と，第二次の技能を働かせる学習活動における「主体的に学習に取り組む態度」の二つの評価場面を位置付けている。

---

態表（第一次）

　第一次の前半では，作品と楽しく関わり，形や色彩などが感情にもたらす効果や，造形的な特徴などを基に，美しさや生命感などを全体のイメージで捉えることを理解しようとしている姿を見取る。ここでは，参考作品等に表現されている形や色彩などに興味や関心がもてず造形的な視点について理解しようとする意欲が見られない生徒を把握することに重点を置き，それらの生徒に対しては，関心や意欲が高まるように机間指導等をする。

　発想や構想に入った段階では，生徒が花を見つめ感じ取ったことや花や葉の形や色彩の特徴や美しさ，生命感などを基に主題を生み出し，創造的な構成を工夫し，楽しく心豊かに表現する構想を練ろうとする発想や構想への意欲や態度を高めることが重要である。そのため，前半には題材に興味や関心がもてず，主題を生み出そうとしていない生徒を把握することに重点を置く。それらの生徒に対しては，意欲が高まるように机間指導等をする。

後半から終盤では，生徒が造形的な視点を意識しながら生み出した主題をよりよく表すために心豊かに構想しようとしている意欲や態度を見取る。第一次を通して，よりよい発想や構想を目指して改善を繰り返したり，継続して意欲的に取り組んだりする姿などを総括に用いる評価として記録をしておく。

態表 （第二次）

第二次では，生徒が水彩絵の具の生かし方などを身に付け，楽しく意図に応じて工夫して表そうとする態度を高めることが重要である。そのため，前半は，制作への意欲がもてない生徒を把握し，楽しく意図に応じて創造的に表そうとする態度が高まるように指導をする。また，造形的な視点について意識できていない生徒を把握し，関心や意欲が高まるように机間指導等をする。

中盤から終盤では，生徒が楽しく制作に取り組み，造形的な視点を意識しながら技能を働かせて工夫して表そうとしている態度を見取る。制作の段階で創造的に表す技能を働かせる学習における「主体的に学習に取り組む態度」は，よりよい表現を目指して試行錯誤する姿や，知識や技能を身に付けようと継続的に意欲を発揮している姿などを評価することが大切なので，前半と後半の状況とを同等と扱い総括に用いる評価として記録をしておくことなどが考えられる。

態鑑 （第三次）

第三次では，生徒が作品などの造形的なよさや美しさを感じ取り，作者の心情や表現の意図と工夫などについて考えるなどして，楽しく見方や感じ方を広げようとしていく意欲や態度を高めることが重要である。評価は，生徒が他者の作品を鑑賞する様子などを基に，鑑賞への関心や意欲等を把握することに重点を置き，本時において楽しく作品を鑑賞し，造形的な視点を活用しながらよさや美しさを感じ取ろうとしたり，作者の心情や表現の意図と工夫などについて考えようとしたりしているかを見取り，総括に用いるための記録をしておく。

## 5　観点別学習状況の評価の総括
### （1）各観点の構造と総括の考え方

本事例では，「知識・技能」の評価は，知と技を知・技として一体的に総括している。「思考・判断・表現」の評価は，発と鑑の結果を合わせて総括している。「主体的に学習に取り組む態度」の評価は，態表（第一次），態表（第二次），態鑑の結果を合わせて総括している。

### （2）観点別学習状況の評価の総括の具体

「題材の評価規準」に照らして，「A」，「B」，「C」の３段階で行った評価結果を基に，題材として観点ごとに「A」，「B」，「C」で評価の総括を行う。本事例では，評価結果のうち，最も数の多い記号が，観点ごとの学習状況を最もよく表しているという考え方と，複数回評価したうちのどれかに重みを付けるという考え方に立って評価の総括を行った。例えば，ある観点の評価を三回行った場合，それぞれの評価結果が「A，A，B」なら，「A」と総括する。ただし，「A」，「C」の両方が含まれている場合は，「B，B」と同様の評価結果と見なして総括するのが適当であると考えた。また，評価結果が「A，B」のように「A」の数と「B」の数が同数になることがある。このような場合は，

例えば，学習のねらいや時間数等に応じて，ある場面の評価に重み付けをすることや，「A」「B」が同数であれば「A」とするなど，あらかじめ総括する方法を決めておくことが大切である。

〈本題材での評価の総括の具体〉
**ア「知識・技能」の評価の総括**

　本事例では，「形や色彩などが感情にもたらす効果や，造形的な特徴などを基に，全体のイメージなどで捉えること」について実感的な理解をしていれば，そのことは発想や構想したことを基に技能を働かせて表された作品に表れてくると考えた。ここでは，形や色彩などが感情にもたらす効果や，造形的な特徴などを基に，美しさや生命感などの全体のイメージで捉えることを理解していることを評価する 知 と，水彩絵の具の生かし方などを身に付け，意図に応じて工夫して表しているかどうかを評価する 技 の結果を合わせて 知・技 として一体的に総括し，「知識・技能」の評価とした。

**イ「思考・判断・表現」の評価の総括**

　第一次及び第二次において評価した， 発 の実現状況の結果と，第三次において評価した 鑑 の実現状況の結果とを合わせて総括し，「思考・判断・表現」の評価とした。その際，第一次と第二次における 発 と関連する学習活動の時間は合わせると6時間，第三次における 鑑 と関連する学習活動の時間は1時間であることや，本題材の目標では表現に関する資質・能力の育成に重点を置いていることなどから，「思考・判断・表現」の評価では，主題を基にどのような構想を練ったかが重要であると考え， 発 に重み付けをして総括している。

**ウ「主体的に学習に取り組む態度」の評価の総括**

　「表現」における 態表 （第一次）， 態表 （第二次）と「鑑賞」における 態鑑 （第三次）の場面で評価を行っているが，本題材における「主体的に学習に取り組む態度」は，表現や鑑賞の活動を通してある程度継続的に実現していることが大切である。したがって，「表現」の場面において評価した結果と「鑑賞」の場面において評価した結果を同等に扱い，最も数が多い記号を基に総括を行うことが考えられる。

**＜本事例における観点別学習状況の評価の総括の例＞**

| 観点　氏名 | 「知識・技能」評価規準 知・技 | 評価 | 「思考・判断・表現」評価規準 発 | 鑑 | 評価 | 「主体的に学習に取り組む態度」評価規準 態表（第一次） | 態表（第二次） | 態鑑（第三次） | 評価 |
|---|---|---|---|---|---|---|---|---|---|
| い | A | A | B | A | B | B | A | A | A |
| ろ | B | B | A | B | A | B | A | B | B |
| は | C | C | C | B | C | C | C | B | C |
| に | A | A | A | B | A | A | A | B | A |
| … | … | … | … | … | … | … | … | … | … |

美術科　　事例2

キーワード　「思考・判断・表現」の評価

| 題材名 | 内容のまとまり |
|---|---|
| 私たちの町を案内しよう<br>～多様な人々に伝わるピクトグラムの制作～ | 第3学年　「目的や機能などを考えた表現」(「A表現」(1)イ(イ)，(2)ア，〔共通事項〕(1)アイ）及び「作品や美術文化などの鑑賞」(「B鑑賞」(1)ア(イ)，〔共通事項〕(1)アイ) |

＜題材の概要＞

　自分たちの住む地域の人や訪れる多様な人々に対して施設や場所などの情報を分かりやすく伝えるために，統一感などを考えた複数のピクトグラムを制作する。伝える相手や施設，場所などのイメージなどから主題を生み出し，形などが感情にもたらす効果，分かりやすさと美しさなどとの調和を総合的に考え構想し，表現の意図に応じて創意工夫して見通しをもって創造的に表す。また，伝達のデザインの作品や生徒の作品などを鑑賞し，調和のとれた洗練された美しさなどを感じ取り，作者の心情や表現の意図と創造的な工夫などについて考えるなどして，見方や感じ方を深める。

＜生徒作品例＞　　　　　　「市民公園のピクトグラム」

「遊具広場」　　　　　　「プール」　　　　　　「トイレ」

＜関連する学習指導要領の内容＞

○「A表現」(1) 表現の活動を通して，次のとおり発想や構想に関する資質・能力を育成する。

　イ　伝える，使うなどの目的や機能を考え，デザインや工芸などに表現する活動を通して，発想や構想に関する次の事項を身に付けることができるよう指導する。

　　(イ) 伝える目的や条件などを基に，伝える相手や内容，社会との関わりなどから主題を生み出し，伝達の効果と美しさなどとの調和を総合的に考え，表現の構想を練ること。

○「A表現」(2) 表現の活動を通して，次のとおり技能に関する資質・能力を育成する。

　ア　発想や構想をしたことなどを基に，表現する活動を通して，技能に関する次の事項を身に付けることができるよう指導する。

　　(ア) 材料や用具の特性を生かし，意図に応じて自分の表現方法を追求して創造的に表すこと。

　　(イ) 材料や用具，表現方法の特性などから制作の順序などを総合的に考えながら，見通しをもって表すこと。

○「B鑑賞」(1) 鑑賞の活動を通して，次のとおり鑑賞に関する資質・能力を育成する。

　ア　美術作品などの見方や感じ方を深める活動を通して，鑑賞に関する次の事項を身に付けることができるよう指導する。

（イ）目的や機能との調和のとれた洗練された美しさなどを感じ取り，作者の心情や表現の意図と創造的な工夫などについて考えるなどして，美意識を高め，見方や感じ方を深めること。

○〔共通事項〕(1)　「A表現」及び「B鑑賞」の指導を通して，次の事項を身に付けることができるよう指導する。

ア　形や色彩，材料，光などの性質や，それらが感情にもたらす効果などを理解すること。

イ　造形的な特徴などを基に，全体のイメージや作風などで捉えることを理解すること。

## 1　題材の目標

(1)「知識及び技能」に関する題材の目標

・形などの性質及びそれらが感情にもたらす効果や，場所や造形的な特徴などを基に，全体のイメージで捉えることを理解する。（〔共通事項〕）

・意図に応じて表現方法を創意工夫して，制作の順序などを総合的に考えながら，見通しをもって創造的に表す。（「A表現」(2)）

(2)「思考力，判断力，表現力等」に関する題材の目標

・伝える相手や施設，場所などのイメージなどから主題を生み出し，形などが感情にもたらす効果や，分かりやすさと美しさなどとの調和，統一感などを総合的に考え，表現の構想を練る。（「A表現」(1)）

・伝達のデザインの調和のとれた洗練された美しさなどを感じ取り，作者の心情や表現の意図と創造的な工夫などについて考えるなどして，美意識を高め，見方や感じ方を深める。（「B鑑賞」(1)）

(3)「学びに向かう力，人間性等」に関する題材の目標

・美術の創造活動の喜びを味わい，主体的に地域の人や訪れる人々に対して情報を分かりやすく伝えることなどを基に表現したり鑑賞したりする学習活動に取り組もうとする。

## 2　題材の評価規準の作成

(1)「私たちの町を案内しよう　～多様な人々に伝わるピクトグラムの制作～」の題材の評価規準（第2編を参考に作成）

**本題材と関連する第2学年及び第3学年の「内容のまとまりごとの評価規準（例）」**

| 「知識・技能」 | 「思考・判断・表現」 | 「主体的に学習に取り組む態度」 |
|---|---|---|
| ・形や色彩，材料，光などの性質や，それらが感情にもたらす効果などを理解している。<br>・造形的な特徴などを基に，全体のイメージや作風などで捉えることを理解している。<br>・材料や用具の特性を生かし，意図に応じて自分の表現方法を追求して創造的に表している。<br>・材料や用具，表現方法の特性などから制作の順序などを | ・伝える目的や条件などを基に，伝える相手や内容，社会との関わりなどから主題を生み出し，伝達の効果と美しさなどとの調和を総合的に考え，表現の構想を練っている。<br>・目的や機能との調和のとれた洗練された美しさなどを感じ取り，作者の心情や表現の意図と創造的な工夫などについて考えるなどして，美意 | ・美術の創造活動の喜びを味わい主体的に目的や機能などを考えた表現の学習活動に取り組もうとしている。<br>・美術の創造活動の喜びを味わい主体的に作品や美術文化などの鑑賞の学習活動に取り組もうとしている。 |

| | | |
|---|---|---|
| 総合的に考えながら，見通しをもって表している。 | 識を高め，見方や感じ方を深めている。 | |

↓

**「私たちの町を案内しよう　～多様な人々に伝わるピクトグラムの制作～」の題材の評価規準**

| 「知識・技能」 | 「思考・判断・表現」 | 「主体的に学習に取り組む態度」 |
|---|---|---|
| 知　形などの性質及びそれらが感情にもたらす効果や，場所や造形的な特徴などを基に，全体のイメージで捉えることを理解している。<br>技　意図に応じて表現方法を創意工夫して，制作の順序などを総合的に考えながら，見通しをもって創造的に表している。 | 発　私たちの町を案内するために，伝える相手や施設，場所などのイメージなどから主題を生み出し，形などが感情にもたらす効果や，分かりやすさと美しさなどとの調和，統一感などを総合的に考え，表現の構想を練っている。<br>鑑　伝達のデザインの調和のとれた洗練された美しさなどを感じ取り，作者の心情や表現の意図と創造的な工夫などについて考えるなどして，美意識を高め，見方や感じ方を深めている。 | 態表　美術の創造活動の喜びを味わい主体的に主題を生み出し，統一感などを総合的に考え構想を練り，意図に応じて創意工夫し見通しをもって表す表現の学習活動に取り組もうとしている。<br>態鑑　美術の創造活動の喜びを味わい主体的に伝達のデザインの調和のとれた洗練された美しさなどを感じ取り，作者の心情や表現の意図と創造的な工夫などについて考えるなどの見方や感じ方を深める鑑賞の学習活動に取り組もうとしている。 |

※それぞれの評価規準は，該当する「内容のまとまりごとの評価規準（例）」の一部（＿＿＿＿＿）を，題材の内容に合わせて関連する表現（＿＿＿＿＿）に変更したり，複数の「内容のまとまりごとの評価規準（例）」を組み合わせたりして作成している。

## 3　指導と評価の計画（7時間）

| ●学習のねらい・学習活動 | 知・技 | 思 | 態 | 評価方法・留意点等 |
|---|---|---|---|---|
| **1．鑑賞（1時間）**<br><br>●ピクトグラムを鑑賞し，伝達のデザインに対する見方や感じ方を深めるとともに，形などの感情にもたらす効果や，統一感など全体のイメージで捉えることを理解する。<br>・様々な地域や場所で使われているピクトグラムの鑑賞を行い，伝達のデザインの意図や表現の工夫，共通性などについて形などの性質や統一感などの視点から感 | 知<br>↓ | 鑑<br>↓ | 態鑑<br>↓ | 知 造形的な視点に着目して，伝達のデザインにおける，統一感などについて理解しているかどうかを見取り，できていない生徒に対して形などの効果を具体的に示しながら指導を行う。【発言の内容，ワークシート】<br><br>鑑 ピクトグラムの表現の意図と創造的な工夫などについて考えているかを見取り，見方や感じ方が深まらない生徒に対して〔共通事項〕の視点をもたせて作品を鑑賞させるなどの指導を行う。【発言の内容，ワークシート】 |

| | | | |
|---|---|---|---|
| じたことや考えたことなどの意見を述べ合う。 | | | 態鑑 伝達のデザインに興味や関心をもち，形などの性質などを理解しようとしたり，調和のとれた洗練された美しさを感じ取ろうとしたり，表現の意図や創造的な工夫などについて考えようとしているかを見取り，できていない生徒に対して，身近な伝達のデザインを紹介したり，見る人の視点に立たせるなどの指導を行う。【ワークシート，活動の様子】 |
| | 鑑 | 態鑑 | 鑑 ここでは生徒が，伝達のデザインに対する見方や感じ方を深められたかどうかを評価する。【ワークシート】<br>態鑑 主体的に伝達のデザインの形などの効果や全体のイメージで捉えながら，見方や感じ方を深めようとしているかを評価する。【ワークシート，活動の様子】 |

## ２．発想や構想（３時間）

| | | | |
|---|---|---|---|
| ●主題を生み出す。<br>・鑑賞の学習で学んだことを生かしながら，伝える相手や施設，場所などのイメージなどから主題を生み出す。 | 発 | 態表 | 発 伝える相手や施設，場所などのイメージなどから主題を生み出せているかどうかを見取り，主題が生み出せていない生徒に対して，伝える相手やピクトグラムを使用する場所について確認させたり地域の特色について考えさせたりするなどの手立てを講じる。【アイデアスケッチ】 |
| | | | 態表 主題を生み出そうとする態度を見取り，主体的に活動できていない生徒に対して，鑑賞の学習での内容について振り返りをさせたり，伝える相手や地域の特徴的なものなど具体的な内容について考えさせたりするなどの指導を行う。【アイデアスケッチ，活動の様子】 |
| ●構想を練る。<br>・創出した主題を基に，形などが感情にもたらす効果や，分かりやすさと美しさなどとの調和，統一感などを総合的に考え，表現の構想を練る。 | | | 発 主題を基に形などが感情にもたらす効果や，分かりやすさと美しさなどとの調和，統一感などを総合的に考え，表現の構想を練っているかどうかを見取り指導する。構想が練れていない生徒に対して再度主題を確認させたり，伝える相手や施設，場所と〔共通事項〕との関連を考えさせたりする。【アイデアスケッチ，ワークシート】 |
| | | | 態表 主体的に構想を練ろうとしているかを見取り，できていない生徒に対して，鑑賞の活動での様々な地域や場所で使われているピクトグラムにおける伝達のデザインの意図や表現の工夫などについて，形などの性質や統一感などの視点から再度考えさせる。【アイデアスケッチ，活動の様子】 |

| | | | | |
|---|---|---|---|---|
| | | | 発 | 態表 |

発 ここでは生徒が，伝える相手や施設，場所などのイメージなどから主題を生み出し，形などが感情にもたらす効果や，分かりやすさと美しさなどとの調和，統一感などを総合的に考え，表現の構想を練っているかどうかを暫定的に評価し，授業外で，主題や構想の工夫などを記述したワークシート等を完成作品と併せて再度見取り必要に応じて修正する。【アイデアスケッチ】

態表 生徒が主体的に知識を活用しながら，発想や構想の学習活動に取り組もうとする態度を評価する。【アイデアスケッチ，活動の様子】

---

**3．制作（2時間）**

●発想や構想を基に，意図に応じて表現方法を創意工夫し，見通しをもって表す。

・形などが感情にもたらす効果を生かし，意図に応じて表現方法を創意工夫して，制作の順序などを総合的に考えながら，見通しをもって創造的に表す。また，制作の途中に鑑賞を行い，客観的な視点に立って他者の作品を見たり自分の意図を説明したりすることにより，表したいものをより一層明確にしていくなどしながら作品を完成させる。

| 技 | 発 | 態表 |
|---|---|---|

技 形などが感情にもたらす効果を生かし，意図に応じて表現方法を創意工夫して，制作の順序などを総合的に考えながら表しているかどうかを見取り，できていない生徒には，発想や構想を確認させたり，他の生徒の作品を紹介するなどして表現の表し方の工夫について考えさせたりするような指導を行う。【制作途中の作品】

発 この段階で構想などがまとまらない生徒を中心に見取り，指導を行う。【制作途中の作品】

態表 主体的に表現方法を創意工夫しようとしたり，見通しをもって表そうとしたりしている態度を見取り，できていない生徒に対して形や線の描き方による印象の違いなどに気付かせながら，表現の工夫などについての意欲を高めるような指導を行う。【制作途中の作品，活動の様子】

知・技 作品から，意図に応じて表現方法を創意工夫して表しているかなどを見取るとともに，形などの効果や全体のイメージで捉えることを理解していることを併せて見取り，知と技を知・技として一体的に評価する。【作品，アイデアスケッチ，ワークシート等】

態表 主体的に制作に取り組み，形などの効果や全体のイメージで捉えることを理解しようとし，見通しをもち意図に応じて工夫して表そうとしている態度を評価する。【作品，活動の様子】

| 知・技 | | 態表 |
|---|---|---|

---

**4．鑑賞（1時間）**

●生徒作品を鑑賞し，伝達のデザインについての見方や

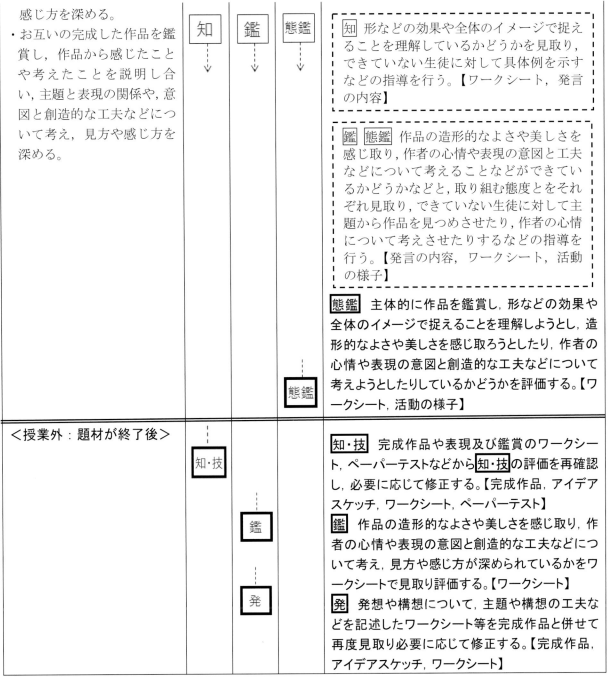

| | | | | |
|---|---|---|---|---|
| 感じ方を深める。<br>・お互いの完成した作品を鑑賞し，作品から感じたことや考えたことを説明し合い，主題と表現の関係や，意図と創造的な工夫などについて考え，見方や感じ方を深める。 | 知<br>↓ | 鑑<br>↓ | 態鑑<br>↓ | **知** 形などの効果や全体のイメージで捉えることを理解しているかどうかを見取り，できていない生徒に対して具体例を示すなどの指導を行う。【ワークシート，発言の内容】<br><br>**鑑 態鑑** 作品の造形的なよさや美しさを感じ取り，作者の心情や表現の意図と工夫などについて考えることなどができているかどうかなどと，取り組む態度とをそれぞれ見取り，できていない生徒に対して主題から作品を見つめさせたり，作者の心情について考えさせたりするなどの指導を行う。【発言の内容，ワークシート，活動の様子】 |
| | | | 態鑑 | **態鑑** 主体的に作品を鑑賞し，形などの効果や全体のイメージで捉えることを理解しようとし，造形的なよさや美しさを感じ取ろうとしたり，作者の心情や表現の意図と創造的な工夫などについて考えようとしたりしているかどうかを評価する。【ワークシート，活動の様子】 |
| ＜授業外：題材が終了後＞ | 知・技 | 鑑<br><br>発 | | **知・技** 完成作品や表現及び鑑賞のワークシート，ペーパーテストなどから **知・技** の評価を再確認し，必要に応じて修正する。【完成作品，アイデアスケッチ，ワークシート，ペーパーテスト】<br>**鑑** 作品の造形的なよさや美しさを感じ取り，作者の心情や表現の意図と創造的な工夫などについて考え，見方や感じ方が深められているかをワークシートで見取り評価する。【ワークシート】<br>**発** 発想や構想について，主題や構想の工夫などを記述したワークシート等を完成作品と併せて再度見取り必要に応じて修正する。【完成作品，アイデアスケッチ，ワークシート】 |

※「指導と評価の計画」における記号等の表記は，事例1と同様である。

## 4　観点別学習状況の評価の進め方

### （1）事例における観点別学習状況の判断の例

| | ◎Aの具体例　■Cへの手立て |
|---|---|
| 知 | ◎伝達のデザインにおける形などの性質やそれらが感情にもたらす効果を多様な視点から理解していたり，幅広い視野に立って場所や造形的な特徴などを基に，分かりやすさと美しさなどとの調和，統一感などをより深く全体のイメージなどで捉えたりすることを理解している。<br>■形などの性質やそれらが感情にもたらす効果をより実感的に理解できるよう，身近な体験などと関連付けて考えさせる。 |

- 71 -

| | |
|---|---|
| 技 | ◎表現の意図に応じて，形などが感情にもたらす効果を意識しながら試行錯誤を重ね，より洗練されたデザインになるように創意工夫をし，明確に完成までの見通しをもってよりよく創造的に表している。<br>■形などの効果を再度確認させることや，用具の特性や扱い方について実演を行いながら説明したり，主題を確認させて生徒自身の表したいことを整理させるなど制作の手順を繰り返し確認させたりしながら，見通しがもてるようにする。 |
| 発 | ◎より具体的に伝える相手や施設，場所などのイメージなどから主題を生み出し，主題をよりよく表現するために，形などが感情にもたらす効果や，分かりやすさと美しさなどとの調和，統一感などを多様な視点から総合的に考え，より伝わりやすい表現の構想を練っている。<br>■生徒の主題と，形などが感情にもたらす効果などの関係を確認させて，再度主題について考えさせたり，統一感のある作品を用いたりして，構想について考えさせる。 |
| 鑑 | ◎伝達のデザインの造形的な特徴などから伝達の効果と調和のとれた洗練された美しさなどを深く感じ取り，作者の心情や表現の意図と創造的な工夫などについて幅広く考え，生活の中のデザインの役割など，多様な視点に立って見方や感じ方を深めている。<br>■生徒自身の表現の活動における主題と表現の意図と工夫について振り返らせて，表現で学んだことと関連させながら見方や感じ方を深められるようにする。 |
| 態表 | ◎主体的に深く表現の活動に取り組み，分かりやすさと美しさとの洗練された表現を目指して知識を活用しようとし，独創的な視点から創意工夫して表現の構想を練ろうとしたり，意図をよりよく表すために表現方法の試行錯誤を重ねて創意工夫し，見通しをもちながら粘り強く表そうとしたりしている。<br>■実感をもちながら表現ができるよう，身近な生活の中で使われているピクトグラムを用いて形などの効果について考えさせたり，鑑賞の活動の振り返りをさせたりしながら新たな伝達のデザインの作品を見せるなどして表現の工夫などについての意欲を高めるよう指導を行う。 |
| 態鑑 | ◎主体的に深く鑑賞の活動に取り組み，独創的な視点で伝達のデザインの効果と調和の取れた洗練された美しさなどを感じ取ろうとしたり，知識を活用しようとし，作者の心情や表現の意図と創造的な工夫について考えようとしたりするなどして，見方や感じ方を深めようとしている。<br>■自他の作品の意図や創造的な工夫などから，伝達のデザインの効果と造形的な特徴との関係性などを多様な視点で考えさせるようにする。 |

### （２）本題材における指導と評価の流れ

#### ア「知識・技能」

（ア）「造形的な視点を豊かにするための知識」

　この観点は，伝達のデザインにおける造形的な効果に気付いたり，それを生かしたりするための「知識」として，形などの感情にもたらす効果や，場所や造形的な特徴などを基に，全体のイメージなどで捉えることの理解について評価するものである。

知（第一次，第二次，第三次，授業外）

　第一次では，ピクトグラムを鑑賞し，形などの感情にもたらす効果や，統一感など全体のイメージで捉えることを理解できるようにする。ここでは形などの造形の要素に着目してそれらの働きを捉えたり，全体に着目して造形的な特徴などからイメージを捉えたりするなどの造形的な視点を豊かにすることが重要である。ここでの評価は，授業の中で，生徒の学習の実現状況を見取り，生徒の学習の改善や，教師の指導の改善につなげるために用いる。そして，第一次及び第二次の表現及び鑑賞の学習活動のそれぞれの場面において，造形の要素の働きについて意識を向けて考えたり，

大きな視点に立って対象のイメージを捉えたりできるようにし，表現及び鑑賞の学習を深めることができるようにすることに重点を置く。

本題材では，観点別学習状況の評価の総括に用いる評価としては，「形などの性質及びそれらが感情にもたらす効果や，場所や造形的な特徴などを基に，全体のイメージで捉えること。」について実感的な理解をしていれば，そのことは作品にも表れてくると考えた。そのことから，第三次において作品から，技の意図に応じて表現方法を創意工夫して，制作の順序などを総合的に考えながら，見通しをもって表しているかを評価する際に，知の形などが感情にもたらす効果や，場所や造形的な特徴などを基に，全体のイメージなどで捉えることを理解していることを併せて見取り，知と技を一体的に評価している。また，授業外において，作品からだけでは見取れない生徒に対して，発想や構想の学習で制作したスケッチや，鑑賞活動でのワークシートなどで再確認にするとともに，ペーパーテストにおいて「統一感」に関する問題の解答の結果なども評価方法の一つとして取り入れた。(【図表①】参照)

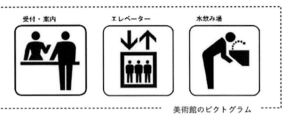

花子さんたちは地域の美術館の「休憩所」に表示するためのピクトグラムをデザインすることになりました。この美術館にはすでに下のようなピクトグラムが表示されています。

美術館のピクトグラム

花子と太郎さん，下の「練習作品Ⅰ」をそれぞれ制作しましたが，美術館で表示されている他のピクトグラムとはあまり統一感がないことに気付きました。そこで，花子さんは①②③の改善点を加え，太郎さんは④⑤⑥の改善点を加えてそれぞれ「練習作品Ⅱ」と「練習作品Ⅲ」を描きました。

花子さんの練習作品Ⅰ　①　花子さんの練習作品Ⅱ　②.③　花子さんの練習作品Ⅲ

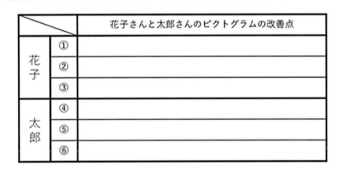

太郎さんの練習作品Ⅰ　④　太郎さんの練習作品Ⅱ　⑤.⑥　太郎さんの練習作品Ⅲ

花子と太郎さんは，「統一感のあるわかりやすいピクトグラム」にするために「練習作品Ⅰ」から「練習作品Ⅲ」にする際にどのように改善しましたか。花子さんと太郎さんのそれぞれ三つの改善点を解答欄に書きなさい。

| | | 花子さんと太郎さんのピクトグラムの改善点 |
|---|---|---|
| 花子 | ① | |
| | ② | |
| | ③ | |
| 太郎 | ④ | |
| | ⑤ | |
| | ⑥ | |

【図表①】本事例におけるペーパーテストの例

(イ) 「技能に関する資質・能力」

この観点は，形の効果などを生かし，意図に応じて自分の表現方法を創意工夫して，制作の順序などを総合的に考えながら，見通しをもって創造的に表している状況を評価するものである。技能は制作が進む中で徐々に作品に具体的な形となって表れるものである。そのため制作途中の作品を中心に，完成作品からも再度評価し，生徒の創造的に表す技能の高まりを読み取ることが大切である。また，その際，表現の効果を高める上で見通しをもって手順を考えながら制作を進めることは重要であり，その過程を見取り指導することも大切である。

技 （第三次，授業外）

　第三次の前半において，発想や構想をしたことを基に制作を進めていく際に，自分の表したいことを具現化できるよう直線や曲線などの効果や統一感などを捉えながら制作しているかどうかなどから技能を見取り，制作が進まない生徒の指導を中心に行う。制作が進むにつれ，表現方法の創意工夫や用具の生かし方の側面から技能を見取り，思うように表現方法の創意工夫ができていなかったり，用具を扱ったりすることができていない生徒の指導を重点的に行う。完成が近付いてくる第三次の後半は，「十分満足できる」状況（A）と判断される生徒も見取れるようになり，授業中での評価を確定する。また，授業中に評価を行った後に作品が変化する場合もあるので，作品の完成後，ワークシート等と見比べながら完成作品からも再度確認することが大切である。

## イ「思考・判断・表現」

　ここでの「思考・判断・表現」の評価は，伝達のデザインにおいて，伝える目的や条件などから生み出された主題を基に，形などが感情にもたらす効果，分かりやすさと美しさなどとの調和を総合的に考えるという中心となる考えを，発想や構想と鑑賞との双方から指導をし，その実現状況を評価することが重要である。

### (ア)「発想や構想に関する資質・能力」

　この観点は，生徒が伝える相手や施設，場所などのイメージなどから主題を生み出し，形や色彩などが感情にもたらす効果や，分かりやすさと美しさなどとの調和，統一感などを総合的に考え，表現の構想を練る資質・能力を評価するものである。発想や構想は，制作が進む中で徐々に具体的な形になり，更にそこから深まることが多い。そのため制作途中の作品を中心に，完成作品からも再度評価し，生徒の発想や構想に関する資質・能力の高まりを読み取ることが大切である。

発 （第二次，第三次，授業外）

　第二次の前半では，生徒が伝える相手や施設，場所などのイメージなどから主題を生み出すことが重要である。そのため，第2時間目の後半から第3時間目には主題が生み出せていない生徒を把握することに重点を置き，主題を生み出せるように指導をする。ここで主題を生み出すことは，本学習を進めるうえで基盤となるものであり，発想や構想を高めるための重要な部分であるので，一人一人の生徒が主題を生み出すことができるように，丁寧に見取り指導をしていくことが大切である。その際，「知識」と関連付け，造形的な視点を豊かにもちながら，主題を生み出せるよう留意する。ここでは，ワークシートなどの記述や思考を深める図解などを利用し，生徒の考えを可視化したものを評価資料とすることが考えられる。

　後半では，主題を基に，豊かに構想を練ることが重要である。後半初期の構想を練り始めた段階では評価の記録を取らず，生徒が共通につまずいている点を学級全体に指導したり，個々の生徒の課題に対して個別指導をしたりする。学習が進み多くの生徒の構想がまとまってきた時点で，まだ構想がまとまらない生徒に重点を置いて見取るとともに，構想がまとまるように指導し，暫定的に評価する。また，作品の完成が近付いてくる段階では，「十分満足できる」状況（A）と判断される生徒も見取れるようになり，授業中での評価を確定する。また，ここでの評価も創造的に表す技

能と同様に，授業外においても再度評価し，授業中での評価より高まりがあった場合には修正を加える。

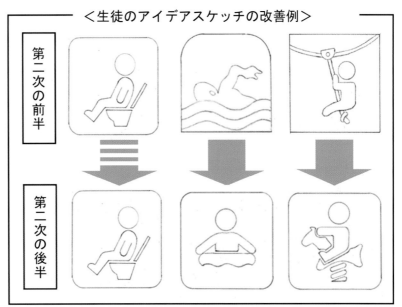

＜生徒のアイデアスケッチの改善例＞

第二次の前半

第二次の後半

　右の＜生徒のアイデアスケッチの改善例＞は，「市民公園のピクトグラム」を制作した生徒の改善例である。第二次の前半では，子供連れの利用客が多いことから，子供をモチーフとしたアイデアスケッチが描かれているが，その3枚のアイデアスケッチには統一感があまりみられない。しかし，後半のアイデアスケッチでは，統一を図るために，子供の頭部となる円を大きく描いた「トイレ」のアイデアスケッチを基に，頭部の円を同じサイズにしたり，丸みのある枠や形にしたりするなどして，統一感をもたせて改善を図っていることが分かる。

(イ)「鑑賞に関する資質・能力」

　この観点は，伝達のデザインの調和のとれた洗練された美しさなどを感じ取り，作者の心情や表現の意図と創造的な工夫などについて考えるなどして，美意識を高め，見方や感じ方を深めるなどの資質・能力を評価するものである。

鑑（第一次，第四次，授業外）

　第一次では，様々な地域や場所で使われているピクトグラムを鑑賞し，伝達のデザインに対する見方や感じ方を深める。形などが感情にもたらす効果や，統一感など全体のイメージで捉え，伝達のデザインの意図や表現の工夫，共通性などについて形などの性質や統一感などの視点から感じたことや考えたことなどの意見を述べ合う。この活動から見方や感じ方の深まりを見取る。ここでの評価は，生徒のワークシートの記述や発言の内容から行うことになる。しかし，授業中に鑑賞の指導をしながら全ての生徒を評価することは困難であることから，授業中は，ワークシートの記述や発言の内容等から，鑑賞が深まっていない視点等について，個々の生徒や学級全体に助言をすることに重点を置く。加えて，生徒の発言の内容に，「十分満足できる」状況（A）に該当するものがある場合には，その評価を記録しておく。

　第四次では，完成した生徒作品を用いて相互に鑑賞し，伝達のデザインについての見方や感じ方を深める。ここでは，作品から感じたことや考えたことを説明し合う活動を通して実現状況を見取りながら，生徒がお互いの作品の主題と表現の関係や，意図と創意工夫などについて考え，美意識を高め，見方や感じ方を深められるようにする。第四次でも第一次と同様にワークシートの記述や発言の内容等から，鑑賞において深まりが見られない点などについては，個々の生徒や

学級全体に助言をすることに重点を置く。加えて，生徒の発言の内容に，「十分満足できる」状況（A）に該当するものがある場合には，その評価を記録しておく。

　観点別学習状況の評価の総括に用いるための評価は，授業終了後にワークシートの記述を基に評価をすることが基本になる。その際，ワークシートの記述からの評価では「おおむね満足できる」状況（B）であるが，授業中の発言の内容は「十分満足できる」状況（A）と判断される場合に，「十分満足できる」状況（A）と評価することなどが考えられる。また，本事例では，第一次の評価と第四次の評価を同等に扱い総括することが考えられる。

### ウ「主体的に学習に取り組む態度」

　この観点の評価は，生徒が「知識及び技能」，「思考力，判断力，表現力等」を身に付けようとしたり，発揮しようとしたりすることへ向かう主体的な学習に対する態度を評価するものである。

　本事例に該当する第2学年及び第3学年では，「評価の観点及びその趣旨」において「美術の創造活動の喜びを味わい主体的に表現及び鑑賞の学習活動に取り組もうとしている。」としており，その趣旨に応じて生徒の実現状況を見取ることが求められる。ここでの「主体的」とは，第1学年の「楽しく」から更に質を高め，自らの目指す夢や目標の実現に向かって課題を克服しながら創意工夫して実現しようと積極的に取り組み，創造的な活動を目指して挑戦していく姿勢である。そのため第3学年の「主体的に学習に取り組む態度」の評価では，生徒一人一人が表現への願いや創造に対する自分の夢や目標をもてるように励ましたりよさをほめたり示唆したりすることで，創造的な表現や鑑賞に主体的に取り組むことができるように留意することが大切である。

　態鑑　（第一次）

　第一次では，主体的に伝達のデザインに対する見方や感じ方を深めようとするとともに，鑑賞の活動を通して，形などの感情にもたらす効果や，統一感など全体のイメージで捉えることを理解しようとする姿を見取る。鑑賞の作品に表現されている形などに興味や関心がもてず，見方や感じ方を深めようとしない生徒や，造形的な視点についての理解をしようとする意欲が見られない生徒を把握することに重点を置き，それらの生徒に対しては，関心や意欲が高まるように机間指導等をする。

　態表　（第二次）

　第二次では，生徒が伝える相手や施設，場所などのイメージなどから主題を生み出し，形などが感情にもたらす効果や，分かりやすさと美しさなどとの調和，統一感などを総合的に考え，表現の構想を練ろうとする発想や構想への意欲や態度を高めることが重要である。そのため，前半には題材に興味や関心がもてず，主題を生み出そうとしていない生徒を把握することに重点を置く。それらの生徒に対しては，意欲が高まるように机間指導等をする。

　後半から終盤では，生徒が造形的な視点を意識しながら生み出した主題をよりよく表すために心豊かに構想しようとしている意欲や態度を見取る。第二次を通して，よりよい発想や構想を目指して知識を活用しながら改善を繰り返したり，継続して意欲的に取り組んだりする姿などを総括に用いる評価として記録をしておく。

態表 （第三次）

　第三次では，意図に応じて表現方法を創意工夫して，制作の順序などを総合的に考えながら，見通しをもって創造的に表そうとする態度を高めることが重要である。そのため，制作への意欲がもてない生徒を把握し，主体的に造形的な視点を意識しながら制作の順序などを総合的に考え，意図に応じて表現方法を創意工夫し，見通しをもって創造的に表そうとする態度が高まるように指導をする。制作の段階で創造的に表す技能を働かせる学習における「主体的に学習に取り組む態度」は，よりよい表現を目指して試行錯誤する姿や，知識や技能を身に付けようと継続的に意欲を発揮している姿などを評価することが大切である。

態鑑 （第四次）

　第四次では，生徒が作品から感じたことや考えたことを説明し合う活動を通して，主体的にお互いの作品の主題と表現の関係や意図と創意工夫などについて考え，見方や感じ方を深めようとしていく意欲や態度を高めることが重要である。

　評価は，生徒が他者の作品を鑑賞する様子などを基に，鑑賞への関心や意欲等を把握することに重点を置き，本時において主体的に作品を鑑賞し，造形的な視点を活用しながら伝達のデザインの効果との調和のとれた洗練された美しさなどを感じ取ろうとしたり，作者の心情や表現の意図と創造的な工夫などについて考えようとしたりしているかを見取り，総括に用いるための記録をしておく。

美術科　　事例3

キーワード　「知識」を活用した鑑賞の評価

| 題材名 | 内容のまとまり |
|---|---|
| 発見！日本の美<br>〜日本美術のよさや特徴について語り合おう〜 | 第3学年　「作品や美術文化などの鑑賞」（「B鑑賞」（1）<br>ア(ｱ)イ(ｲ)，〔共通事項〕（1）アイ） |

＜題材の概要＞

　〔共通事項〕に示された造形的な視点を豊かにするための「知識」を活用して，日本の美術作品の表現の特質などから，伝統や文化のよさや美しさを感じ取るとともに，西洋の美術作品と比較し，諸外国の美術や文化との相違点や共通点に気付き，美術文化について考えるなどして，見方や感じ方を深める。

> ＜主な鑑賞作品＞
> 1時間目：長谷川等伯「松林図屏風」，メインデルト・ホッベマ「ミッデルハルニスの並木道」
> 2時間目：長谷川等伯「松林図屏風」，尾形光琳「燕子花図屏風」，歌川広重「名所江戸百景亀戸梅屋敷」，「洛中洛外図屏風」（上杉本）

＜関連する学習指導要領の内容＞

○「B鑑賞」（1）鑑賞の活動を通して，次のとおり鑑賞に関する資質・能力を育成する。

　ア　美術作品などの見方や感じ方を深める活動を通して，鑑賞に関する次の事項を身に付けることができるよう指導する。

　　(ｱ)　造形的なよさや美しさを感じ取り，作者の心情や表現の意図と創造的な工夫などについて考えるなどして，美意識を高め，見方や感じ方を深めること。

　イ　生活や社会の中の美術の働きや美術文化についての見方や感じ方を深める活動を通して，鑑賞に関する次の事項を身に付けることができるよう指導する。

　　(ｲ)　日本の美術作品や受け継がれてきた表現の特質などから，伝統や文化のよさや美しさを感じ取り愛情を深めるとともに，諸外国の美術や文化との相違点や共通点に気付き，美術を通した国際理解や美術文化の継承と創造について考えるなどして，見方や感じ方を深めること。

○〔共通事項〕（1）「A表現」及び「B鑑賞」の指導を通して，次の事項を身に付けることができるよう指導する。

　ア　形や色彩，材料，光などの性質や，それらが感情にもたらす効果などを理解すること。

　イ　造形的な特徴などを基に，全体のイメージや作風などで捉えることを理解すること。

1　題材の目標

(1)「知識及び技能」に関する題材の目標

・余白や空間の効果，立体感や遠近感，造形的な特徴などを基に，全体のイメージや作風などで捉えることを理解する。（〔共通事項〕）

(2)「思考力，判断力，表現力等」に関する題材の目標

・日本の美術作品や受け継がれてきた表現の特質などから，造形的なよさや美しさを感じ取り，諸外国の美術や文化との相違点や共通点に気付き，表現の意図と創造的な工夫，美術文化について考えるなどして，美意識を高め，見方や感じ方を深める。（「B鑑賞」(1)）

(3)「学びに向かう力，人間性等」に関する題材の目標

・美術の創造活動の喜びを味わい，主体的に美術作品や美術文化などの見方や感じ方を深める鑑賞の学習活動に取り組もうとする。

## 2 題材の評価規準の作成

（1）「発見！日本の美 ～日本美術のよさや特徴について語り合おう～」の題材の評価規準（第2編を参考に作成）

| 「知識・技能」 | 「思考・判断・表現」 | 「主体的に学習に取り組む態度」 |
|---|---|---|
| 知 余白や空間の効果，立体感や遠近感，造形的な特徴などを基に，全体のイメージや作風などで捉えることを理解している。 | 鑑 日本の美術作品や受け継がれてきた表現の特質などから，造形的なよさや美しさを感じ取り，諸外国の美術や文化との相違点や共通点に気付き，表現の意図と創造的な工夫，美術文化について考えるなどして，美意識を高め，見方や感じ方を深めている。 | 態鑑 美術の創造活動の喜びを味わい主体的に美術作品や美術文化などの見方や感じ方を深める鑑賞の学習活動に取り組もうとしている。 |

※それぞれの評価規準は「内容のまとまりごとの評価規準（例）」を，そのまま使用したり，具体的な学習活動を踏まえ言葉を省略や変更したりするなどしている（下線部は変更箇所）。

## 3 指導と評価の計画（2時間）

| ●学習のねらい・学習活動 | 知・技 | 思 | 態 | 評価方法・留意点等 |
|---|---|---|---|---|
| **1．鑑賞（1時間）**<br><br>●日本と西洋の美術作品を比較鑑賞し，造形的な視点に着目し，作品の見方や感じ方を深める。<br>・「松林図屏風」と「ミッデルハルニスの並木道」を比較鑑賞し，余白や空間の効果，立体感や遠近感，造形的な特徴などを基に，全体のイメージや作風などで捉えることを理解する。<br>・作品の表現の特質から感じ取ったことや考えたことなどをワークシート（問1）に | 知<br>↓ | 鑑<br>↓ | 態鑑<br>↓ | 知 〔共通事項〕の内容について理解できているかを見取り，できていない生徒に対しては，奥行きの表し方に着目させるなどの指導を行う。【発言の内容，ワークシート】<br><br>鑑 表現の特質などから造形的なよさや美しさを感じ取り，創造的な工夫について考えているかなどを見取る。できていない生徒に対して作品のイメージの違いなどから，それぞれのよさや作者の表現の工夫などについて考えさせる。【発言の内容，ワークシート】 |

| | | | | |
|---|---|---|---|---|
| 記述する。<br>・両作品の表現のよさや工夫についてグループで話し合い，クラス全体に発表する。 | | | | 態鑑 表現のよさや違いなどを捉えようと主体的に鑑賞をしているかを見取る。できていない生徒に対して，それぞれの作品の季節や時間，天候などを考えさせる。【ワークシート，活動の様子】 |
| 2．鑑賞（1時間）<br><br>●日本の複数の美術作品を比較鑑賞し，美術文化について考え，見方や感じ方を深める。<br>・「松林図屏風」，「燕子花図屏風」，「名所江戸百景亀戸梅屋敷」，「洛中洛外図屏風」を比較鑑賞し，造形的な視点を働かせながら，表現の相違点や共通点等に気付いたことをワークシート（問2）に記入し，グループで話し合い，クラス全体に発表する。<br>・日本の美術作品や受け継がれてきた表現の特質などから，作品のよさや美しさ，美術文化などについてワークシート（問3）にまとめる。 | | | 態鑑 | 知 〔共通事項〕の内容について理解できているかを見取り，できていない生徒に対しては，構図や余白，作風に着目させるなどの指導を行う。【発言の内容，ワークシート】<br><br>鑑 態鑑 それぞれの美術作品の表現の特質などから相違点や共通点に気付き，表現の意図と創造的な工夫について考えているかどうかなどと，主体的に鑑賞をしているかなどを見取る。できていない生徒に対して再度，西洋の美術作品と比較鑑賞させ，日本の美術作品の特徴などに気付かせる。【発言の内容，ワークシート，活動の様子】<br><br>態鑑 主体的に作品を鑑賞し，余白や空間の効果や作風などで捉えることを理解しようとし，日本の美術作品の造形的なよさや美しさを感じ取ろうとしたり，表現の意図と工夫や美術文化などについて考えようとしたりしているかどうかを評価する。【ワークシート，活動の様子】 |
| ＜授業外：題材が終了後＞ | 知 | 鑑 | | 知 ワークシートの記述などから，余白や空間の効果，立体感や遠近感の理解や，造形的な特徴などを基に，全体のイメージや作風などで捉えることを理解しているかどうかを評価する。【ワークシート】<br>鑑 日本の美術作品の造形的なよさや美しさを感じ取り，相違点や共通点に気付き，表現の意図と創造的な工夫，美術文化などについて考えて，美意識を高め，見方や感じ方を深めているかをワークシートで見取り評価する。【ワークシート】 |

※「指導と評価の計画」における記号等の表記は，事例1と同様である。


4　観点別学習状況の評価の進め方

（1）本題材における指導と評価の流れ

ア「知識・技能」

（ア）「造形的な視点を豊かにするための知識」

　　この観点は，よさや美しさを感じ取ったり，創造的な工夫や美術文化などについて考えたりして

第3編
事例3

見方や感じ方を深めるための「知識」として，余白や空間の効果，立体感や遠近感，造形的な特徴などを基に，全体のイメージや作風などで捉えることを理解しているかについて評価するものである。ここでの知識は，日本と西洋の美術作品の陰影や背景などの表現の特徴，それぞれの違いや余白や空間の効果などに着目してそれらの働きを捉えたり，日本と西洋の美術作品の表現の特徴や違いなどを全体に着目してイメージや作風で捉えたりできるようになるなど，単に暗記することに終始するような知識ではなく，美術の学習の中で生きて働く知識として実感的な理解の実現状況を評価することが求められる。

知 （第一次，第二次，授業外）

　第一次では，日本と西洋の美術作品の比較鑑賞を通して，それぞれの作品から余白や空間の効果，立体感や遠近感などについて理解したり，造形的な特徴などを基に，全体のイメージや作風などで捉えることを理解したりできるようにする。ここでは，余白や空間の効果などに着目してそれらの働きを捉えたり，全体に着目して作風の違いを捉えたりするなどの造形的な視点を豊かにすることが重要であることから，評価では，生徒のワークシートの記述や発言の内容を見取ることが中心となる。しかし，授業中に鑑賞の指導をしながら全ての生徒を評価することは困難であることから，授業中は，ワークシートの記述や発言の内容などから，〔共通事項〕の「知識」について理解できていない生徒に対して，個々の生徒や学級全体に助言をすることに重点を置く。できていない生徒に対しては，奥行きの表し方などに着目させるなどの指導を行う。

　第二次では，日本の複数の美術作品を鑑賞し，第一次で学んだ「知識」を基に，余白や空間の効果などに着目してそれらの働きを捉えたり，全体に着目して作風の違いを捉えたりするなどの造形的な視点を働かせながら，鑑賞の活動を行う。ここでは余白や空間の効果，立体感や遠近感，造形的な特徴などから全体のイメージや作風などで捉えることについて実感的に理解できるようにすることが大切である。ここでの評価は，ワークシートの記述や発言の内容などから，理解できていない生徒に対して，個々の生徒や学級全体に助言をすることに重点を置き，構図や余白，全体のイメージや作風などに着目させるなどの指導を行う。

　本事例では，観点別学習状況の評価の総括に用いる評価としては，評価規準である「余白や空間の効果，立体感や遠近感，造形的な特徴などを基に，全体のイメージや作風などで捉えることを理解している。」について，生徒が実感的な理解をしていれば，そのことは鑑賞のワークシート等に表れてくると考え，授業外において知識の実現状況を評価することとした。ワークシートは，授業を円滑に進め，生徒の見方や感じ方が深まるように題材の目標や評価規準との関連を十分考慮して作成することが大切である（「＜本題材のワークシート例＞」を参照）。本事例のワークシートの設問（下図＜ワークシートの設問例＞）では，第一次に記述させる問1及び第二次に記述させる問2を「知識」の評価規準との関連を図って設定し，特に下線部の「奥行きや空間の表し方」や「それぞれの作品の特徴」，「表現の特徴や工夫」を中心に生徒の学習の実現状況を見取るように設定している。

＜ワークシートの設問例＞
問1　二つの作品を比べて，奥行きや空間の表し方に着目して，それぞれの作品の特徴とそこから感じたことを書きましょう。
問2　四つの作品のうち二つ以上の作品を選び，それぞれを比較して表現の特徴や工夫から感じたことを書きましょう。

イ「思考・判断・表現」

（ア）「鑑賞に関する資質・能力」

　この観点は，日本の美術作品や受け継がれてきた表現の特質などから，造形的なよさや美しさを感じ取り，諸外国の美術や文化との相違点や共通点に気付き，表現の意図と創造的な工夫，美術文化などについて考えるなどして，美意識を高め，見方や感じ方を深めるなどの鑑賞に関する資質・能力を評価するものである。

　本事例では，第一次の鑑賞活動において，造形的なよさや美しさを感じ取り，諸外国の美術や文化との相違点や共通点に気付き，表現の工夫について考えることなどに重点を置き評価している。第二次では，日本の複数の美術作品を比較鑑賞して，特にそれぞれの作品の表現の特質などから美術文化について考えるなどして，見方や感じ方を深めていることなどに重点を置き評価している。


鑑　（第一次，第二次，授業外）

　第一次では，長谷川等伯の「松林図屏風」とホッベマの「ミッデルハルニスの並木道」を比較鑑賞し，それぞれの作品の表現の特質などから造形的なよさや美しさを感じ取り，創造的な工夫などについて考えているかなどを見取る。できていない生徒に対して作品のイメージの違いなどから，それぞれのよさや作者の表現の工夫などについて考えさせる。

　第二次では，日本の複数の美術作品を比較鑑賞し，それぞれの美術作品の表現の特質から相違点や共通点に気付き，表現の意図と創造的な工夫について考えているかどうかなどを見取る。できていない生徒に対して再度，西洋の美術作品と比較鑑賞させ，日本の美術作品の特徴などに気付かせる。ここでの評価は，生徒のワークシートの記述や発言の内容から行うことになる。しかし，本事例の「知識」の評価と同様に，授業中に鑑賞の指導をしながら全ての生徒を評価することは困難であることから，授業中は，ワークシートの記述や発言の内容などから，鑑賞が深まっていない視点などについて，個々の生徒や学級全体に助言をすることに重点を置く。加えて，生徒の発言の内容に「十分満足できる」状況（A）に該当するものがある場合には，その評価を記録しておく。観点別学習状況の評価の総括に用いるための評価は，授業終了後にワークシートの記述を基に評価をすることが基本となる。その際，ワークシートの記述からの評価では「おおむね満足できる」状況（B）であるが，授業中の発言の内容は「十分満足できる」状況（A）と判断される場合に，「十分満足できる」状況（A）と評価することなどが考えられる。


ウ「主体的に学習に取り組む態度」

　この観点は，生徒が「知識及び技能」（知識）と「思考力，判断力，表現力等」（鑑賞）を身に付けようとしたり，発揮しようとしたりすることへ向かう主体的な学習に対する態度を評価するものである。

　本事例では，題材の評価規準において「美術の創造活動の喜びを味わい主体的に美術作品や美術文化などの見方や感じ方を深める鑑賞の学習活動に取り組もうとしている。」としており，その趣旨に応じて生徒の実現状況を見取ることが求められる。

態鑑 （第一次，第二次，授業外）

　第一次では，本事例の 知 と対応させて，作品と主体的に関わり，〔共通事項〕の内容を理解しようとしたり， 鑑 と対応させて，主体的に造形的なよさや美しさを感じ取ろうとしたり，表現の意図と創造的な工夫などについて考えようとしたりする姿を見取る。第二次では，第一次で学習した「知識」を活用しながら，美術文化について考えようとし，見方や感じ方を深めようとしている姿を中心に見取り，第一次と第二次の評価を総括して「主体的に学習に取り組む態度」の評価とする。本事例における「主体的に学習に取り組む態度」の評価は，基本的には授業中の活動の様子から評価しているが，授業終了後に，ワークシートに記入された内容からも生徒の取り組む姿を読み取り，第一次と第二次で総括した評価に加えることも考えられる。

<本題材のワークシート例>

発見！日本の美　～日本美術のよさや特徴について語り合おう～

（　　）組　（　　）番　（　　　　　　　　　　）

問１　二つの作品を比べて，奥行きや空間の表し方に着目して，それぞれの作品の特徴とそこから感じたことを書きましょう。

|  | 作品の表し方の特徴 | 作品の特徴から感じたこと |
|---|---|---|
| 「松林図屛風」 | ・白黒で描かれている。墨の濃い薄いで遠近感を出している。<br>・松しか描かれていないし，何も描かれていないところが多い。 | ・墨の表現や何も描いていない部分があって全体的に寂しい感じがする。<br>・この場所の雰囲気を感じる。霧がかっていて静かな感じがする。 |
| 「ミッデルハルニスの並木道」 | ・遠くに行くほど，描かれているものが小さくなっている。<br>・作者の見ている風景をとても忠実に描いている。 | ・遠近感がすごい。ずっと道が遠くまで続いているように感じる。<br>・木に光が当たっているところが描かれていて本物の木のようだと思った。 |

問２　四つの作品のうち二つ以上の作品を選び，それぞれを比較して表現の特徴や工夫から感じたことを書きましょう。

|  | 表現の特徴や工夫 | 作品を比較して感じたこと |
|---|---|---|
| 「亀井戸梅屋敷」 | ・手前の梅の木がものすごく大きく描かれていて，大胆な画面構成になっている。<br>・使われている色が赤と緑だからとても目立つし，強調されている。 | ・今回，鑑賞した亀井戸梅屋敷と燕子花図屛風は，木版画と屛風の違いや，描き方，画面の構成の仕方は違うけれど，どちらも自然や当時の身近な生活をテーマにしていたり，その時代によって独自の表現方法を大切にしたりしているところは同じだと思いました。 |
| 「燕子花図屛風」 | ・金色の背景がとても豪華な感じがする。<br>・燕子花の形や色を単純化して表現していて全体にシンプルでデザインみたい。 |  |

問３　日本の美術作品のよさや美しさ，美術文化について考えたことを書きましょう。

・鑑賞した西洋の作品は，ありのままの風景をそのまま切り取ったように描かれていたが，日本の作品は描きたいものを強調し，見ている人にいろいろな想像をさせるために，背景にあえて何も描かなかったり，金色一色にしたりする独自の表現がすごいと思った。また，自然とともに生きることを大切にした表現に日本の美の心を感じた。これからも自分の生活の中で美術を探して楽しんでみたい。

## ＜「知識・技能」（知識）の具体例＞

本事例の「知識・技能」（知識）の評価規準は，次の通りである。

> 知 余白や空間の効果，立体感や遠近感，造形的な特徴などを基に，全体のイメージや作風などで捉えることを理解している。

本事例では，この評価規準を基に，前記の＜本題材のワークシート例＞の第一次に記述させる問1及び，第二次に記述させる問2から，授業外で「知識」の実現状況を評価している。例えば，下の問1の記述例においては，下線の記述から，生徒が余白や空間の効果，立体感や遠近感，全体のイメージなどで捉えることについてある程度理解していることが読み取れる。評価の総括では，ワークシートの問1，2の生徒の記述を授業内の生徒の学習状況を踏まえて見取り，第一次と第二次を合わせて評価して総括するが，問1，2には評価に活用できる記述が見られないが，問3には記述されている場合もあるので，その場合にはそれらの記述を適切に読み取る必要がある。

<table>
<tr><th></th><th></th><th>作品の表し方の特徴</th><th>作品の特徴から感じたこと</th></tr>
<tr><td rowspan="2">問1</td><td>「松林図屏風」</td><td>・白黒で描かれている。<u>墨の濃い薄いで遠近感を出している。</u><br>・松しか描かれていないし，<u>何も描かれていないところが多い。</u></td><td>・<u>墨の表現や何も描いていない部分があって全体的に寂しい感じがする。</u><br>・この場所の雰囲気を感じる。霧がかかっていて静かな感じがする。</td></tr>
<tr><td>「ミッデルハルニスの並木道」</td><td>・<u>遠くに行くほど，描かれているものが小さくなっている。</u><br>・作者の見ている風景をとても忠実に描いている。</td><td>・<u>遠近感がすごい。ずっと道が遠くまで続いているように感じる。</u><br>・木に光が当たっているところが描かれていて本物の木のようだと思った。</td></tr>
</table>

## ＜「思考・判断・表現」（鑑賞に関する資質・能力）の具体例＞

本事例の「思考・判断・表現」（鑑賞に関する資質・能力）の評価規準は，次の通りである。

> 鑑 日本の美術作品や受け継がれてきた表現の特質などから，造形的なよさや美しさを感じ取り，諸外国の美術や文化との相違点や共通点に気付き，表現の意図と創造的な工夫，美術文化などについて考えるなどして，美意識を高め，見方や感じ方を深めている。

「思考・判断・表現」（鑑賞に関する資質・能力）は，この評価規準を基に，前記の＜ワークシートの記述例＞の生徒の記述から評価を行った。例えば下の問2の記述からは，生徒が日本の複数の美術作品からそれぞれの作品の造形的な特徴や作風の違いなどに気付いていることが読み取れる。また，問3の記述からは，作者の心情や表現の意図と創造的な工夫，美術文化などについて考え，見方や感じ方を深めていることが分かる。

<table>
<tr><td>問2</td><td>・今回，鑑賞した亀井戸梅屋敷と燕子花屏風は，木版画と屏風の違いや，描き方，画面の構成の仕方は違うけれど，どちらも自然や当時の身近な生活をテーマにしていたり，その時代によって独自の表現方法を大切にしたりしているところは同じだと思いました。</td></tr>
<tr><td>問3</td><td>・鑑賞した西洋の作品は，ありのままの風景をそのまま切り取ったように描かれていたが，日本の作品は描きたいものを強調し，見ている人にいろいろな想像をさせるために，背景にあえて何も描かなかったり，金色一色にしたりする独自の表現がすごいと思った。また，自然とともに生きることを大切にした表現に日本の美の心を感じた。これからも自分の生活の中で美術を探して楽しんでみたい。</td></tr>
</table>

本題材の指導事項である第2学年及び第3学年の「B鑑賞」(1)イ(イ)の美術文化についての見方や感じ方を深める学習は，幅広い内容でもあるため，いくつかの題材を設定して段階を追って見方や感じ方を深められるようにすることが望まれる。その際，評価においても，年間指導計画の中で関連する題材を考え，どのように評価や総括を行うのかを考えておく必要がある。

題材名

　　視点を感じて
　　～写そう　私の〇〇な情景～

内容のまとまり

第２学年　「感じ取ったことや考えたことなどを基にした表現」
（「Ａ表現」(1)ア(ｱ)，〔共通事項〕(1)アイ）及び「作品や美術
文化などの鑑賞」（「Ｂ鑑賞」(1)ア(ｱ)），〔共通事項〕(1)アイ）

**＜題材の概要＞**

　身近な風景や場面などを深く見つめ，感じ取ったことや考えたことなどを基に，見る角度や距離，視点を変えるなどして主題を生み出し，撮影しながら，効果的に表現するための構図などを考え，創造的な構成を工夫し，心豊かに表現する構想を深めていく。また，他者の作品から，造形的なよさや美しさを感じ取り，作者の心情や表現の意図と創造的な工夫などについて考えるなどして見方や感じ方を深める。本題材では，カメラのオート機能による撮影に限定することから，「技能」の指導及び評価を位置付けない題材とした。

**＜生徒作品例＞**

作品名：「僕を待つ」

作品名：「幻想的な世界」

作品名：「私の今の気持ち」

作品名：「心模様」

**＜関連する学習指導要領の内容＞**

〇「Ａ表現」(1) 表現の活動を通して，次のとおり発想や構想に関する資質・能力を育成する。
　ア　感じ取ったことや考えたことなどを基に，絵や彫刻に表現する活動を通して，発想や構想に関する次の事項を身に付けることができるよう指導する。
　　(ｱ) 対象や事象を深く見つめ感じ取ったことや考えたこと，夢，想像や感情などの心の世界などを基に主題を生み出し，単純化や省略，強調，材料の組み合わせなどを考え，創造的な構成を工夫し，心豊かに表現する構想を練ること。

○「B鑑賞」(1) 鑑賞の活動を通して，次のとおり鑑賞に関する資質・能力を育成する。

ア　美術作品などの見方や感じ方を深める活動を通して，鑑賞に関する次の事項を身に付けることができるよう指導する。

(7) 造形的なよさや美しさを感じ取り，作者の心情や表現の意図と創造的な工夫などについて考えるなどして，美意識を高め，見方や感じ方を深めること。

○〔共通事項〕　(1)「A表現」及び「B鑑賞」の指導を通して，次の事項を身に付けることができるよう指導する。

ア　形や色彩，材料，光などの性質や，それらが感情にもたらす効果などを理解すること。

イ　造形的な特徴などを基に，全体のイメージや作風などで捉えることを理解すること。

## 1　題材の目標

(1)「知識及び技能」に関する題材の目標

・形や色彩，光，空間や遠近感，アングルなどの効果や，被写体の印象や特徴などを基に，全体のイメージで捉えることを理解する。(〔共通事項〕)

(2)「思考力，判断力，表現力等」に関する題材の目標

・身近な風景や場面などを深く見つめ，感じ取ったことや考えたことなどを基に，見る角度や距離，視点を変えるなどして主題を生み出し，撮影しながら，効果的に表現するための構図などを考え，創造的な構成を工夫し，心豊かに表現する構想を練る。(「A表現」(1))

・造形的なよさや美しさを感じ取り，作者の心情や表現の意図と創造的な工夫などについて考えるなどして，美意識を高め，見方や感じ方を深める。(「B鑑賞」(1))

(3)「学びに向かう力，人間性等」に関する題材の目標

・美術の創造活動の喜びを味わい，主体的に身近な風景や場面などを深く見つめて感じ取ったことや考えたことなどを基に表現したり鑑賞したりする学習活動に取り組もうとする。

## 2　題材の評価規準の作成

### (1)「視点を感じて〜写そう　私の〇〇な情景〜」の題材の評価規準（第2編を参考に作成）

| 「知識・技能」 | 「思考・判断・表現」 | 「主体的に学習に取り組む態度」 |
|---|---|---|
| 知　形や色彩，光，空間や遠近感，アングルなどの効果や，被写体の印象や特徴などを基に，全体のイメージで捉えることを理解している。 | 発　身近な風景や場面などを深く見つめ感じ取ったことや考えたことなどを基に，見る角度や距離，視点を変えるなどして主題を生み出し，撮影しながら，効果的に表現するための構図などを考え，創造的構成を工夫し，心豊かに表現する構想を練っている。<br>鑑　造形的なよさや美しさを感じ取り，作者の心情や表現の意図と創造的な工夫などについて考えるなどして，美意識を高め，見方や感じ方を深めている。 | 態表　美術の創造活動の喜びを味わい主体的に身近な風景や場面などを深く見つめて感じ取ったことや考えたことなどを基にした表現の学習活動に取り組もうとしている。<br>態鑑　美術の創造活動の喜びを味わい主体的に造形的なよさや美しさを感じ取り，作者の心情や表現の意図と創造的な工夫などを考えるなどの見方や感じ方を深める鑑賞の学習活動に取り組もうとしている。 |

※それぞれの評価規準は「内容のまとまりごとの評価規準（例）」を，そのまま使用したり，具体的な学習活動を踏まえ言葉を省略や変更したりするなどしている（下線部は変更箇所）。

## 3　指導と評価の計画（4時間）

| ●学習のねらい・学習活動 | 知・技 | 思 | 態 | 評価方法・留意点等 |
|---|---|---|---|---|
| **1．発想や構想と撮影（3時間）**<br><br>●写真作品を鑑賞し，主題と写真表現の特性や効果について理解する。<br>・写真作品を基に形や色彩，光，空間や遠近感，アングルや主題について話し合う。 | 知<br>↓ |  | 態表<br>↓ | 知 形や色彩，光，空間や遠近感，アングルなどの効果や，被写体の印象や特徴などを基に，全体のイメージで捉えることを理解しているかを見取り，できない生徒に対して具体例を示すなどの指導を行う。【発言の内容，ワークシート】<br><br>態表 形や色彩，光，空間や遠近感，アングルに着目したり，主題と表現の効果について理解しようとしたりする意欲や態度を見取り，できていない生徒に対して主題の内容から写真作品を再度見つめさせるなどの指導を行う。【活動の様子，ワークシート】 |
| ●身近な風景や場面から表現したい主題を生み出し，創造的な構成を考え構想を練る。<br>・主題を基に，視点や構図の取り方，アングル，広がりや遠近の表し方を工夫して撮影する。 |  | 発<br>↓ |  | 発 主題を基に，被写体との距離やアングルなどの効果を考えながら構想が練られているかを見取り，できていない生徒に興味をもった情景やテーマを提示したり，虫の視点などを想像させたりして，感じ取ったことを振り返らせるなどの手立てを講じる。【撮影の様子，ワークシート】 |
| ●主題をよりよく表現するために，様々な効果を考え，創意工夫して撮影をする。<br>・撮影した写真についてお互いに感想を述べ合うなどして，構想を深めながら撮影する。 |  |  | 態表 | 態表 主題を表現するために，撮影を繰り返し粘り強く取り組む態度を評価する。行き詰まっている生徒には，モニターで確認をしながら他者と助言し合うなどして，改善の視点に気付かせるように助言をする。【撮影の様子】<br><br>**態表 主体的に撮影に取り組み，形や色彩の効果や全体のイメージで捉えようとし，生み出した主題を写真によりよく表現するために改善を図りながら構想しようとする態度を評価する。【撮影の様子，ワークシート】** |
| **2．鑑賞（1時間）**<br><br>●他者の作品から，作者の表現の意図と創造的な工夫などについて考えて，見方や感じ方を深める。<br>・ワークシートに，自分の作品についての説明を記述し，それを用いてお互いの作品を | 鑑<br>↓ |  | 態鑑<br>↓ | 知 形，色彩，光，空間や遠近感，アングルなどの効果や，被写体の印象や特徴などを基に，全体のイメージで捉えることを理解しているかを見取り，できない生徒に対して具体例を示すなどの指導を行う。【発言の内容，ワークシート】 |

| | | | | |
|---|---|---|---|---|
| 鑑賞し，批評し合う。 | | | | 鑑 態鑑 主題を表現するための，構図，形や色彩，光などの工夫を感じ取り，作者の心情や表現の意図と創造的な工夫などについて考えることなどができているかどうかや，活動に取り組む態度をそれぞれ見取り，できていない生徒に対して主題から作品を見つめさせたり，作者の心情について考えさせたりするなどの指導を行う。【発言の内容，ワークシート，活動の様子】 |
| | | | 態鑑 | 態鑑 主体的に作品を鑑賞し，形や色彩，光，空間や遠近感，アングルなどの効果や被写体の印象や全体のイメージで捉えることを理解しようとし，造形的なよさや美しさを感じ取ろうとしたり，作者の心情や表現の意図と創造的な工夫などについて考えようとしたりしているかどうかを評価する。【ワークシート，活動の様子】 |
| ＜授業外：題材が終了後＞ | 知 | 鑑 | 発 | 知 完成作品やワークシートなどから形や色彩，光，空間や遠近感，アングルなどの効果についての理解や，被写体の印象や特徴などを基に，全体のイメージで捉えることを理解しているかどうかを評価する。【完成作品，ワークシート】<br>鑑 作品の造形的なよさや美しさを感じ取り，作者の心情や表現の意図と創造的な工夫などについて考えて見方や感じ方を深められているかをワークシートから見取り評価する。【ワークシート】<br>発 発想や構想については，主題や構想の工夫などを記述したワークシート等を完成作品と併せて見取り評価する。【完成作品，ワークシート】 |

※「指導と評価の計画」における記号等の表記は，事例1と同様である。

## 4 観点別学習状況の評価の進め方

### （1）本題材における指導と評価の流れ

#### ア「知識・技能」

（ア）「造形的な視点を豊かにするための知識」

　この観点は，写真表現のよさや特性に気付かせるための「知識」として，主題と形や色彩，光，空間や遠近感，アングルなどの効果や，被写体の印象や全体のイメージで捉えることの理解について評価するものである。

知 （第一次，第二次，授業外）

第一次前半では，写真作品を鑑賞し，形や色彩，光，空間や遠近感，アングルなどの効果について理解し，作品の主題について，それらの効果や，被写体の印象や特徴などを基に，全体のイメージで捉えることなどを大切にする。ここでは形や色彩，光などの造形の要素に着目してそれらの働きを捉えたり，全体に着目して造形的な特徴などからイメージを捉えたりするなどの造形的な視点を豊かにすることが重要である。ここでの評価は，授業の中で，生徒の学習の実現状況を見取り，生徒の学習の改善や，教師の指導の改善につなげるために用いる。そして，第一次後半及び第二次の表現及び鑑賞の学習活動のそれぞれの場面において，造形の要素の働きについて意識を向けて考えたり，大きな視点に立って対象のイメージを捉えたりできるようにし，表現及び鑑賞の学習を深めることができるようにすることに重点を置く。

本題材では，観点別学習状況の評価の総括に用いる評価としては，評価規準である「形や色彩，光，空間や遠近感，アングルなどの効果や，被写体の印象や特徴などを基に，全体のイメージで捉えることを理解している。」ことについて実感的な理解をしていれば，そのことは作品や鑑賞のワークシート等に表れてくると考え，授業外において知識の実現状況を評価することとした。

(イ)「技能に関する資質・能力」

本題材では，カメラのオート機能による撮影に限定することから，技能の指導及び評価を位置付けていない。

## イ「思考・判断・表現」

ここでの「思考・判断・表現」の評価は，写真表現において，主題を表現するために，形や色彩，光，空間や遠近感，アングルなどの効果をどのように生かすかという中心となる考えを，発想や構想と，鑑賞との双方から指導をし，その実現状況を評価することが重要である。

(ア)「発想や構想に関する資質・能力」

この観点は，生徒が身近な風景や場面などを深く見つめ感じ取ったことや考えたことなどを基に，見る角度や距離，視点を変えるなどして主題を生み出し，撮影しながら，効果的に表現するための構図などを考え，創造的な構成を工夫し，心豊かに表現する構想を練る資質・能力を評価するものである。発想や構想は，撮影を重ねることで主題にあったものに深まることが多い。また，撮影中に全員の作品を評価することは困難である。そのため撮影中は，撮影した作品の変化を中心に見取り指導に生かし，最終的には完成作品から評価し，生徒の発想や構想に関する資質・能力の高まりを読み取ることが大切である。

発 （第一次，授業外）

第一次の後半では，生徒が身近な風景や場面などを深く見つめ感じ取ったことや考えたことから主題を生み出すことが重要である。そのため，第1時間目の後半から第2時間目には主題が生み出せていない生徒を把握することに重点を置き，主題を生み出せるように指導をする。ここで主題を生み出すことは，本学習を進めるうえで基盤となるものであり，発想や構想を高めるための重要な

部分であるので，一人一人の生徒が主題を生み出すことができるように，丁寧に見取り指導をしていくことが大切である。その際，「知識」と関連付け，造形的な視点を豊かにもちながら，主題を生み出せるよう留意する。ワークシートなどの記述を利用し，生徒が考えを可視化したものを評価資料とすることが考えられる。また，お互いの写真作品を比べ，主題が感じられるかどうか，学び合う活動を取り入れたり，再度撮影する機会を設定したりすることで発想の幅を広げる。第一次後半では，繰り返し撮影を行うため，教師は，その作品の一枚一枚を確認することは困難である。そのため，授業中の評価は記録を残すのではなく，主題や構図が決まらない生徒への助言を中心に行う。記録に残す評価は，第一次後に提出された作品とワークシートの記述を基に授業外に行っている。

(イ) 「鑑賞に関する資質・能力」

　この観点は，造形的なよさや美しさを感じ取り，作者の心情や表現の意図と創造的な工夫などについて考えるなどして，美意識を高め，見方や感じ方を深めるなどの資質・能力を評価するものである。本事例では，第一次にも鑑賞的な活動が位置付けられているが，ここでのねらいは，発想や構想に関する学習を深めるための活動であるため鑑は位置付けていない。第二次の鑑賞の活動は，作品から造形的なよさや美しさを感じ取り，作者の心情や表現の意図と創造的な工夫などについて考えるなどして，見方や感じ方を深めることをねらいとしていることから，鑑の評価の対象として位置付けている。

鑑（第二次，授業外）

　ここでは，生徒作品を相互に鑑賞し，造形的なよさや美しさを感じ取り，作者の心情や意図と創造的な工夫などについて考えるなどして，美意識を高め，見方や感じ方を深めているかどうかを見取る。ここでの評価は，生徒のワークシートの記述や発言の内容から行うことになる。しかし，授業中に鑑賞の指導をしながら全ての生徒を評価することは困難であることから，授業中は，ワークシートの記述や発言の内容等から，鑑賞が深まっていない視点等について，個々の生徒や学級全体に助言をすることに重点を置く。加えて，生徒の発言の内容に，「十分満足できる」状況（A）に該当するものがある場合には，その評価を記録しておく。観点別学習状況の評価の総括に用いるための評価は，授業終了後にワークシートの記述を基に評価をすることが基本になる。その際，ワークシートの記述からの評価では「おおむね満足できる」状況（B）であるが，授業中の発言の内容は「十分満足できる」状況（A）と判断される場合に，「十分満足できる」状況（A）と評価することなどが考えられる。

ウ 「主体的に学習に取り組む態度」

　この観点は，生徒が「知識」，「思考力，判断力，表現力等」を身に付けようとしたり，発揮しようとしたりすることへ向かう主体的な学習に対する態度を評価するものである。

　本事例に該当する第2学年及び第3学年では，「評価の観点及びその趣旨」において「美術の創造活動の喜びを味わい主体的に表現及び鑑賞の学習活動に取り組もうとしている。」としており，その趣旨に応じて生徒の実現状況を見取ることが求められる。ここでの「主体的」とは，第1学年の「楽

しく」から更に質を高め，自らの目指す夢や目標の実現に向かって課題を克服しながら創意工夫して実現しようと積極的に取り組み，創造的な活動を目指して挑戦していく姿勢である。そのため第2学年の「主体的に学習に取り組む態度」の評価では，生徒一人一人が表現への願いや創造に対する自分の夢や目標をもてるように励ましたりよさをほめたり示唆したりすることで，創造的な表現や鑑賞に主体的に取り組むことができるように留意することが大切である。特に写真による表現活動では，主題を生み出す過程や発想を広げる過程において，見る角度を変えたり，距離や構図を工夫したり，多様な視点で撮影を繰り返したりするような能動的な姿が授業の中で現れることがある。このような試行錯誤を繰り返し粘り強く取り組んだり，よりよい表現を目指して構想を工夫，改善したりしていく様子などを捉えながら指導と評価を行うことが大切である。

　以下に示す写真やワークシートの記述例に見られる改善は，「発想や構想に関する資質・能力」の改善とも読み取れるが，「主体的に学習に取り組む態度」は，育成する資質・能力を身に付けようとしたり，発揮しようとしたりすることへ向かう態度である。そのため，同じワークシートの写真や記述であっても，繰り返し撮影をして発想や構想を改善しようとしている痕跡は「主体的に学習に取り組む態度」として評価し，改善された発想や構想の質そのものは，「発想や構想に関する資質・能力」として評価することになる。

態表　（第一次：前半）

　第一次の前半の活動では，写真表現の特性や効果，主題と表現の工夫について主体的に理解しようとする意欲や態度を見取る。活動の様子やワークシートの記述などを基に生徒を見取り，写真作品に表現されている主題や造形的な視点について理解しようとする意欲が見られない生徒を把握することに重点を置く。関心や意欲が高まらない生徒に対しては，主題の内容から作品を再度見つめさせ，形や色彩，光などが感情にもたらす効果や，造形的な特徴や視点やアングルの工夫などを捉えたり，全体のイメージで捉えたりすることなど，関心や意欲が高まるように机間指導等をする。

　右は生徒の鑑賞のワークシートの記述であるが，ワークシートの記述から，作者が造形的な要素を捉えて主題に迫って撮影していることを理解しようとしていることや，自分自身の撮影に向けて意欲が高まったことなどが分かる。

生徒が鑑賞した作品
作品名：「別れ」

＜生徒のワークシートの記述例＞

「別れ」という作品を鑑賞した。画面全体が，灰色や茶色などで寂しそうに見え，画面全体の大部分が地面で，人物は下半身だけを切り取った構図になっている。また，アングルを低くし，鳩の目線で撮影しているようだ。鳩と人だけでなく，地面のタイルを画面に入れることで遠近感が一層強調され，一点透視図法のようで，消失点には，足が写されている。旅を終えこれから帰路につく様子を，人と鳩の歩く方向を逆向きになった瞬間で捉え別れを表しているところに作者の意図を感じた。私も，主題が伝わるように工夫して撮影したい。

第一次の後半では，よりよい作品を目指して創意工夫をして撮影する意欲や態度を評価する。撮影は，様々な場所で行っているため，教師は巡回しながら各自の様子を観察することになる。基本的には，撮影に関心や意欲がもてない生徒を見取り，意欲が高まるように指導をする。生徒が，造形的な視点を意識しながら主題をよりよく表すために何度も繰り返し撮影しモニターで確認したり，撮影の回数を重ねるたびに工夫点を増やし，粘り強く撮影したりする姿を大切にする。第一次を通して，よりよい発想や構想を目指して改善を繰り返したり，継続して意欲的に取り組んだりする姿などを総括に用いる評価として記録をしておく。

右の生徒の撮影の改善例では，生徒が生み出した主題を創意工夫してよりよく表現しようと，粘り強く取り組んだり，自己調整を図ったりしている姿が見取れる。本題材のような感じ取ったことや考えたことなどを基に表現する学習においては，撮影の改善の過程や生徒のワークシートの記述などを読みながら主題や表現意図などを基に，改善のプロセスを丁寧に読み取ることが大切である。

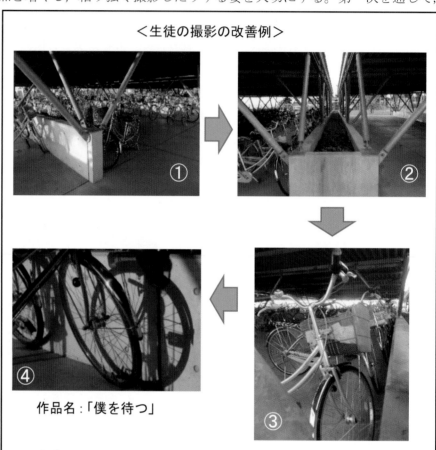

<生徒の撮影の改善例>

①②③④

作品名：「僕を待つ」

<生徒のワークシートの記述例>

　放課後の下校するときに<u>私を待っている自転車を表現しよう</u>と考えた。1枚目は，画面の中央に自分の自転車を置いて撮影したが，普通のスナップ写真のようになってしまったので，2枚目は，<u>自転車置き場の柱が左右対称になるような構図を考えて，</u>左側に自分の自転車を置いて撮影した。写真としては面白い感じになったけれど，<u>自転車が私を待っているような感じが出ていないので</u>，3枚目は，自分の自転車を<u>画面に大きく入るように</u>撮影した。もう少し放課後に待つ感じを出そうと思い，4枚目は，撮影するのを授業の最後の方まで待って，<u>夕日が自転車に当たって放課後に私を待っているような雰囲気になるように撮影場所を工夫</u>した。

第二次では，他者の写真を鑑賞し，よさや美しさを感じ取ろうとしたり，作者の心情や表現の意図と創造的な工夫などについて考えようとしたりするなどの意欲や態度を評価する。作品のよさを捉えようと発言をする姿が繰り返し見られたり，ワークシートの記述などから，特に意欲的に作品のよさなどを捉えようとする顕著な状況が見られたりする場合には，「十分満足できる」状況（A）と評価する。下は生徒の鑑賞のワークシートの記述例であるが，造形的な視点や主題に着目して，作品のよさや表現の工夫を読み取ろうとする生徒の姿や，今後の鑑賞の学習を生かした表現の学習活動への意欲などが読み取れる。鑑賞では，他者の作品のよさや美しさ，作者の心情や表現の意図と創造的な工夫などを感じ取り，共有し合うことで，自分の視野を広げようとする態度の形成を図ることも大切である。

<＜生徒が撮影した作品＞>

Aさん

作品名：「空に」

Bさん

作品名：「あたたかな仲間」

＜生徒のワークシートの記述例＞

　花を撮った二つの作品を比べてみた。Aさんは，日差しを浴びたチューリップが上に向かって伸びていく様子を下から見上げたアングルで，花びらの重なりで透けて見える様子などから強い日差しを表現しようとしているのに対し，Bさんは，タンポポの群生を手前から奥にリズミカルに写し，葉に当たった光が輝いていてあたたかい日差しを表現しようとしている。花という素材は同じでも違った捉え方が面白く，これからの発想の参考になった。

# 巻末資料

## 中学校美術科における「内容のまとまりごとの評価規準（例）」

### I　第1学年
#### 1　第1学年の目標と評価の観点及びその趣旨

| | （1） | （2） | （3） |
|---|---|---|---|
| 目標 | 対象や事象を捉える造形的な視点について理解するとともに，意図に応じて表現方法を工夫して表すことができるようにする。 | 自然の造形や美術作品などの造形的なよさや美しさ，表現の意図と工夫，機能性と美しさとの調和，美術の働きなどについて考え，主題を生み出し豊かに発想し構想を練ったり，美術や美術文化に対する見方や感じ方を広げたりすることができるようにする。 | 楽しく美術の活動に取り組み創造活動の喜びを味わい，美術を愛好する心情を培い，心豊かな生活を創造していく態度を養う。 |

（中学校学習指導要領 P. 107）

| 観点 | 知識・技能 | 思考・判断・表現 | 主体的に学習に取り組む態度 |
|---|---|---|---|
| 趣旨 | ・対象や事象を捉える造形的な視点について理解している。<br>・意図に応じて表現方法を工夫して表している。 | 自然の造形や美術作品などの造形的なよさや美しさ，表現の意図と工夫，機能性と美しさとの調和，美術の働きなどについて考えるとともに，主題を生み出し豊かに発想し構想を練ったり，美術や美術文化に対する見方や感じ方を広げたりしている。 | 美術の創造活動の喜びを味わい楽しく表現及び鑑賞の学習活動に取り組もうとしている。 |

（改善等通知　別紙4　P. 17）

#### 2　内容のまとまりごとの評価規準（例）
##### (1)「感じ取ったことや考えたことなどを基にした表現　「Ａ表現」(1)ア(2)，〔共通事項〕」

| 知識・技能 | 思考・判断・表現 | 主体的に学習に取り組む態度 |
|---|---|---|
| ・形や色彩，材料，光などの性質や，それらが感情にもたらす効果などを理解している。<br>・造形的な特徴などを基に，全体のイメージや作風などで捉えることを理解している。<br>・材料や用具の生かし方などを身に付け，意図に応じて工夫 | ・対象や事象を見つめ感じ取った形や色彩の特徴や美しさ，想像したことなどを基に主題を生み出し，全体と部分との関係などを考え，創造的な構成を工夫し，心豊かに表現する構想を練っている | ・美術の創造活動の喜びを味わい楽しく感じ取ったことや考えたことなどを基にした表現の学習活動に取り組もうとしている。 |

| 知識・技能 | 思考・判断・表現 | 主体的に学習に取り組む態度 |
|---|---|---|
| して表している。<br>・材料や用具の特性などから制作の順序などを考えながら，見通しをもって表している。 | | |

## (2)「目的や機能などを考えた表現 「Ａ表現」(1)イ(2)，〔共通事項〕」

| 知識・技能 | 思考・判断・表現 | 主体的に学習に取り組む態度 |
|---|---|---|
| ・形や色彩，材料，光などの性質や，それらが感情にもたらす効果などを理解している。<br>・造形的な特徴などを基に，全体のイメージや作風などで捉えることを理解している。<br>・材料や用具の生かし方などを身に付け，意図に応じて工夫して表している。<br>・材料や用具の特性などから制作の順序などを考えながら見通しをもって表している。 | ・構成や装飾の目的や条件などを基に，対象の特徴や用いる場面などから主題を生み出し，美的感覚を働かせて調和のとれた美しさなどを考え，表現の構想を練っている。<br>・伝える目的や条件などを基に，伝える相手や内容などから主題を生み出し，分かりやすさと美しさなどとの調和を考え，表現の構想を練っている。<br>・使う目的や条件などを基に，使用する者の気持ち，材料などから主題を生み出し，使いやすさや機能と美しさなどとの調和を考え，表現の構想を練っている。 | ・美術の創造活動の喜びを味わい楽しく目的や機能などを考えた表現の学習活動に取り組もうとしている。 |

## (3)「作品や美術文化などの鑑賞 「Ｂ鑑賞」，〔共通事項〕」

| 知識・技能 | 思考・判断・表現 | 主体的に学習に取り組む態度 |
|---|---|---|
| ・形や色彩，材料，光などの性質や，それらが感情にもたらす効果などを理解している。<br>・造形的な特徴などを基に，全体のイメージや作風などで捉えることを理解している。 | ・造形的なよさや美しさを感じ取り，作者の心情や表現の意図と工夫などについて考えるなどして，見方や感じ方を広げている。<br>・目的や機能との調和のとれた美しさなどを感じ取り，作者の心情や表現の意図と工夫などについて考えるなどして，見方や感じ方を広げている。<br>・身の回りにある自然物や人工物の形や色彩，材料などの造 | ・美術の創造活動の喜びを味わい楽しく作品や美術文化などの鑑賞の学習活動に取り組もうとしている。 |

| | | |
|---|---|---|
| | 形的な美しさなどを感じ取り，生活を美しく豊かにする美術の働きについて考えるなどして，見方や感じ方を広げている。<br>・身近な地域や日本及び諸外国の文化遺産などのよさや美しさなどを感じ取り，美術文化について考えるなどして，見方や感じ方を広げている。 | |

## Ⅱ　第2学年及び第3学年

### 1　第2学年及び第3学年の目標と評価の観点及びその趣旨

| | （1） | （2） | （3） |
|---|---|---|---|
| 目標 | 対象や事象を捉える造形的な視点について理解するとともに，意図に応じて自分の表現方法を追求し，創造的に表すことができるようにする。 | 自然の造形や美術作品などの造形的なよさや美しさ，表現の意図と創造的な工夫，機能性と洗練された美しさとの調和，美術の働きなどについて独創的・総合的に考え，主題を生み出し豊かに発想し構想を練ったり，美術や美術文化に対する見方や感じ方を深めたりすることができるようにする。 | 主体的に美術の活動に取り組み創造活動の喜びを味わい，美術を愛好する心情を深め，心豊かな生活を創造していく態度を養う。 |

（中学校学習指導要領 P. 107）

| 観点 | 知識・技能 | 思考・判断・表現 | 主体的に学習に取り組む態度 |
|---|---|---|---|
| 趣旨 | ・対象や事象を捉える造形的な視点について理解している。<br>・意図に応じて自分の表現方法を追求し，創造的に表している。 | 自然の造形や美術作品などの造形的なよさや美しさ，表現の意図と創造的な工夫，機能性と洗練された美しさとの調和，美術の働きなどについて独創的・総合的に考えるとともに，主題を生み出し豊かに発想し構想を練ったり，美術や美術文化に対する見方や感じ方を深めたりしている。 | 美術の創造活動の喜びを味わい主体的に表現及び鑑賞の学習活動に取り組もうとしている。 |

（改善等通知　別紙4　P 17）

## 2　内容のまとまりごとの評価規準（例）

### (1)「感じ取ったことや考えたことなどを基にした表現　「Ａ表現」(1)ア(2)，〔共通事項〕」

| 知識・技能 | 思考・判断・表現 | 主体的に学習に取り組む態度 |
|---|---|---|
| ・形や色彩，材料，光などの性質や，それらが感情にもたらす効果などを理解している。<br>・造形的な特徴などを基に，全体のイメージや作風などで捉えることを理解している。<br>・材料や用具の特性を生かし，意図に応じて自分の表現方法を追求して創造的に表している。<br>・材料や用具，表現方法の特性などから制作の順序などを総合的に考えながら，見通しをもって表している。 | ・対象や事象を深く見つめ感じ取ったことや考えたこと，夢，想像や感情などの心の世界などを基に主題を生み出し，単純化や省略，強調，材料の組合せなどを考え，創造的な構成を工夫し，心豊かに表現する構想を練っている。 | ・美術の創造活動の喜びを味わい主体的に感じ取ったことや考えたことなどを基にした表現の学習活動に取り組もうとしている。 |

### (2)「目的や機能などを考えた表現　「Ａ表現」(1)イ(2)，〔共通事項〕」

| 知識・技能 | 思考・判断・表現 | 主体的に学習に取り組む態度 |
|---|---|---|
| ・形や色彩，材料，光などの性質や，それらが感情にもたらす効果などを理解している<br>・造形的な特徴などを基に，全体のイメージや作風などで捉えることを理解している。<br>・材料や用具の特性を生かし，意図に応じて自分の表現方法を追求して創造的に表している。<br>・材料や用具，表現方法の特性などから制作の順序などを総合的に考えながら，見通しをもって表している。 | ・構成や装飾の目的や条件などを基に，用いる場面や環境，社会との関わりなどから主題を生み出し，美的感覚を働かせて調和のとれた洗練された美しさなどを総合的に考え，表現の構想を練っている。<br>・伝える目的や条件などを基に，伝える相手や内容，社会との関わりなどから主題を生み出し，伝達の効果と美しさなどとの調和を総合的に考え，表現の構想を練っている。<br>・使う目的や条件などを基に，使用する者の立場，社会との関わり，機知やユーモアなどから主題を生み出し，使いやすさや機能と美しさなどとの調和を総合的に考え，表現の構想を練っている。 | ・美術の創造活動の喜びを味わい主体的に目的や機能などを考えた表現の学習活動に取り組もうとしている。 |

巻末資料

(3) 「作品や美術文化などの鑑賞 「B鑑賞」，〔共通事項〕」

| 知識・技能 | 思考・判断・表現 | 主体的に学習に取り組む態度 |
|---|---|---|
| ・形や色彩，材料，光などの性質や，それらが感情にもたらす効果などを理解している。<br>・造形的な特徴などを基に，全体のイメージや作風などで捉えることを理解している。 | ・造形的なよさや美しさを感じ取り，作者の心情や表現の意図と創造的な工夫などについて考えるなどして，美意識を高め，見方や感じ方を深めている。<br>・目的や機能との調和のとれた洗練された美しさなどを感じ取り，作者の心情や表現の意図と創造的な工夫などについて考えるなどして，美意識を高め，見方や感じ方を深めている。<br>・身近な環境の中に見られる造形的な美しさなどを感じ取り，安らぎや自然との共生などの視点から生活や社会を美しく豊かにする美術の働きについて考えるなどして，見方や感じ方を深めている。<br>・日本の美術作品や受け継がれてきた表現の特質などから，伝統や文化のよさや美しさを感じ取り，諸外国の美術や文化との相違点や共通点に気付き，美術を通した国際理解や美術文化の継承と創造について考えるなどして，見方や感じ方を深めている。 | ・美術の創造活動の喜びを味わい主体的に作品や美術文化などの鑑賞の学習活動に取り組もうとしている。 |

評価規準，評価方法等の工夫改善に関する調査研究について

平成 31 年 2 月 4 日　国立教育政策研究所長裁定
平成 31 年 4 月 12 日　一　　部　　改　　正

1　趣　旨

　　学習評価については，中央教育審議会初等中等教育分科会教育課程部会において「児童
　生徒の学習評価の在り方について」（平成 31 年 1 月 21 日）の報告がまとめられ，新しい
　学習指導要領に対応した，各教科等の評価の観点及び評価の観点に関する考え方が示され
　たところである。

　　これを踏まえ，各小学校，中学校及び高等学校における児童生徒の学習の効果的，効率
　的な評価に資するため，教科等ごとに，評価規準，評価方法等の工夫改善に関する調査研
　究を行う。

2　調査研究事項
（1）評価規準及び当該規準を用いた評価方法に関する参考資料の作成
（2）学校における学習評価に関する取組についての情報収集
（3）上記（1）及び（2）に関連する事項

3　実施方法

　　調査研究に当たっては，教科等ごとに教育委員会関係者，教師及び学識経験者等を協力
　者として委嘱し，2 の事項について調査研究を行う。

4　庶　務

　　この調査研究にかかる庶務は，教育課程研究センターにおいて処理する。

5　実施期間

　　平成 31 年 4 月 19 日〜令和 2 年 3 月 31 日

巻末
資料

評価規準，評価方法等の工夫改善に関する調査研究協力者（五十音順）

（職名は平成 31 年 4 月現在）

飯田　哲昭　　　神奈川県愛川町教育委員会主幹（兼）指導主事

岩崎　知美　　　川崎市総合教育センターカリキュラムセンター指導主事

大坪　圭輔　　　武蔵野美術大学教授

小池　研二　　　横浜国立大学教授

角谷　由美　　　茨城県茨城町立明光中学校教諭

平田　朝一　　　岡山県総合教育センター指導主事

道越　洋美　　　静岡県藤枝市立大洲中学校教頭

村上　尚徳　　　環太平洋大学副学長

国立教育政策研究所においては，次の関係官が担当した。

東良　雅人　　　国立教育政策研究所教育課程研究センター研究開発部教育課程調査官

この他，本書編集の全般にわたり，国立教育政策研究において以下の者が担当した。

笹井　弘之　　　国立教育政策研究所教育課程研究センター長

清水　正樹　　　国立教育政策研究所教育課程研究センター研究開発部副部長

髙井　　修　　　国立教育政策研究所教育課程研究センター研究開発部研究開発課長

高橋　友之　　　国立教育政策研究所教育課程研究センター研究開発部研究開発課指導係長

奥田　正幸　　　国立教育政策研究所教育課程研究センター研究開発部研究開発課指導係専門職

森　　孝博　　　国立教育政策研究所教育課程研究センター研究開発部教育課程調査官

# 学習指導要領等関係資料について

　学習指導要領等の関係資料は以下のとおりです。いずれも，文部科学省や国立教育政策研究所のウェブサイトから閲覧が可能です。スマートフォンなどで閲覧する際は，以下の二次元コードを読み取って，資料に直接アクセスする事が可能です。本書と合わせて是非ご覧ください。

① 学習指導要領、学習指導要領解説　等
② 中央教育審議会答申「幼稚園、小学校、中学校、高等学校及び特別支援学校の学習指導要領等の改善及び必要な方策等について」(平成28年12月21日)
③ 中央教育審議会初等中等教育分科会教育課程部会報告「児童生徒の学習評価の在り方について」(平成31年1月21日)
④ 小学校, 中学校, 高等学校及び特別支援学校等における児童生徒の学習評価及び指導要録の改善等について(平成31年3月29日30文科初第1845号初等中等教育局長通知)
　　　　　　　　　　　　※各教科等の評価の観点等及びその趣旨や指導要録(参考様式)は，同通知に掲載。
⑤ 学習評価の在り方ハンドブック(小・中学校編)(令和元年6月)
⑥ 学習評価の在り方ハンドブック(高等学校編)(令和元年6月)
⑦ 平成29年改訂の小・中学校学習指導要領に関するQ&A
⑧ 平成30年改訂の高等学校学習指導要領に関するQ&A
⑨ 平成29・30年改訂の学習指導要領下における学習評価に関するQ&A

巻末
資料

# 学習評価の
# 在り方
# ハンドブック

小・中学校編

文部科学省　国立教育政策研究所教育課程研究センター

# 学習指導要領

## 学習指導要領とは, 国が定めた「教育課程の基準」です。

（学校教育法施行規則第52条, 74条, 84条及び129条等より）

## ■学習指導要領の構成
〈小学校の例〉

**総則は, 以下の項目で整理され, 全ての教科等に共通する事項が記載されています。**

- 第1 小学校教育の基本と教育課程の役割
- 第2 教育課程の編成
- 第3 教育課程の実施と学習評価
- 第4 児童の発達の支援
- 第5 学校運営上の留意事項
- 第6 道徳教育に関する配慮事項

> 学習評価の実施に当たっての配慮事項

前文
第1章 総則
第2章 各教科
- 第1節 国語
- 第2節 社会
- 第3節 算数
- 第4節 理科
- 第5節 生活
- 第6節 音楽
- 第7節 図画工作
- 第8節 家庭
- 第9節 体育
- 第10節 外国語
第3章 特別の教科 道徳
第4章 外国語活動
第5章 総合的な学習の時間
第6章 特別活動

**各教科等の目標, 内容等が記載されています。**
（例）第1節 国語
- 第1 目標
- 第2 各学年の目標及び内容
- 第3 指導計画の作成と内容の取扱い

　平成29年改訂学習指導要領の各教科等の目標や内容は, 教育課程全体を通して育成を目指す資質・能力の三つの柱に基づいて再整理されています。

ア 何を理解しているか, 何ができるか
　（生きて働く「知識・技能」の習得）
イ 理解していること・できることをどう使うか（未知の状況にも対応できる「思考力・判断力・表現力等」の育成）
ウ どのように社会・世界と関わり, よりよい人生を送るか
　（学びを人生や社会に生かそうとする「学びに向かう力・人間性等」の涵養）

平成29年改訂「小学校学習指導要領」より
※中学校もおおむね同様の構成です。

詳しくは, 文部科学省Webページ「学習指導要領のくわしい内容」をご覧ください。
(http://www.mext.go.jp/a_menu/shotou/new-cs/1383986.htm)

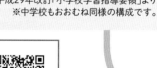

# 学習指導要領解説

学習指導要領解説とは,大綱的な基準である
習指導要領の記述の意味や解釈などの詳細
ついて説明するために,文部科学省が作成
たものです。

## ■学習指導要領解説の構成
〈小学校 国語編の例〉

総説
改訂の経緯及び
基本方針

● 第1章　総説
  1　改訂の経緯及び基本方針
  2　国語科の改訂の趣旨及び要点

● 第2章　国語科の目標及び内容
  第1節　国語科の目標
    1　教科の目標
    2　学年の目標
  第2節　国語科の内容
    1　内容の構成
    2　〔知識及び技能〕の内容
    3　〔思考力,判断力,表現力等〕の内容

● 第3章　各学年の内容
  第1節　第1学年及び第2学年の内容
    1　〔知識及び技能〕
    2　〔思考力,判断力,表現力等〕
  第2節　第3学年及び第4学年の内容
    1　〔知識及び技能〕
    2　〔思考力,判断力,表現力等〕
  第3節　第5学年及び第6学年の内容
    1　〔知識及び技能〕
    2　〔思考力,判断力,表現力等〕

● 第4章　指導計画の作成と内容の取扱い
  1　指導計画作成上の配慮事項
  2　内容の取扱いについての配慮事項
  3　教材についての配慮事項

指導計画作成や
内容の取扱いに係る配慮事項

● 付録
  付録1：学校教育施行規則(抄)
  付録2：小学校学習指導要領　第1章　総則
  付録3：小学校学習指導要領　第2章　第1節　国語
  付録4：教科の目標,各学年の目標及び内容の系統表
      (小・中学校国語科)
  付録5：中学校学習指導要領　第2章　第1節　国語
  付録6：小学校学習指導要領　第2章　第10節　外国語
  付録7：小学校学習指導要領　第4章　外国語活動
  付録8：小学校学習指導要領　第3章　特別の教科　道徳
  付録9：「道徳の内容」の学年段階・学校段階の一覧表
  付録10：幼稚園教育要領

教科等の目標
及び内容の概要

参考
(系統性等)

学年や
分野ごとの内容

「小学校学習指導要領解説 国語編」より
※中学校もおおむね同様の構成です。「総則編」,「総合的な学習の時間編」及び「特別活動編」は異なった構成となっています。

> 教師は,学習指導要領で定めた資質・能力が,
> 児童生徒に確実に育成されているかを評価します

# 学習評価の基本的な考え方

　学習評価は，学校における教育活動に関し，児童生徒の学習状況を評価するものです。「児童生徒にどういった力身に付いたか」という学習の成果を的確に捉え，**教師が指導の改善を図る**とともに，**児童生徒自身が自ら学習を振り返って次の学習に向かうことができるようにする**ためにも，学習評価の在り方は重要であ教育課程や学習・指導方法の改善と一貫性のある取組を進めることが求められます。

## カリキュラム・マネジメントの一環としての指導と評価

　各学校は，日々の授業の下で児童生徒の学習状況を評価し，その結果を児童生徒の学習や教師による指導の改善や学校全としての教育課程の改善，校務分掌を含めた組織運営等の改善に生かす中で，学校全体として組織的かつ計画的に教育活動質の向上を図っています。

　このように，「学習指導」と「学習評価」は学校の教育活動の根幹であり，教育課程に基づいて組織的かつ計画的に教育活動質の向上を図る「カリキュラム・マネジメント」の中核的な役割を担っています。

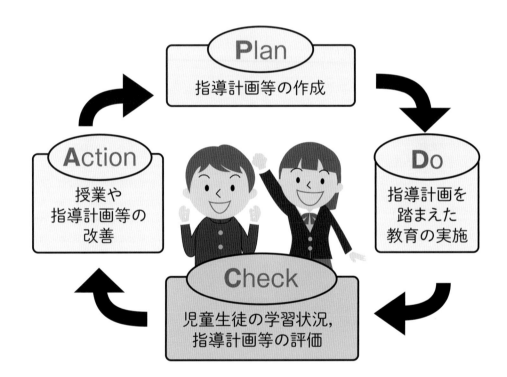

## 主体的・対話的で深い学びの視点からの授業改善と評価

　指導と評価の一体化を図るためには，児童生徒一人一人の学習の成立を促すための評価という視点を一層重視することによて，教師が自らの指導のねらいに応じて授業の中での児童生徒の学びを振り返り，学習や指導の改善に生かしていくというサイクが大切です。平成29年改訂学習指導要領で重視している「主体的・対話的で深い学び」の視点からの授業改善を通して，各教科における資質・能力を確実に育成する上で，学習評価は重要な役割を担っています。

☑ 教師の指導改善に
　つながるものにしていくこと

☑ 児童生徒の学習改善に
　つながるものにしていくこと

☑ これまで慣行として行われてきたことでも,
　必要性・妥当性が認められないものは
　見直していくこと

次の授業では
〇〇を重点的に
指導しよう。

〇〇のところは
もっと〜した方が
よいですね。

---

詳しくは, 平成31年3月29日文部科学省初等中等教育局長通知「小学校,中学校,高等学校及び特別支援学校等における児童生徒の学習評価及び指導要録の改善等について (通知)」をご覧ください。
(http://www.mext.go.jp/b_menu/hakusho/nc/1415169.htm)

---

## コラム　　評価に戸惑う児童生徒の声

　「先生によって観点の重みが違うんです。授業態度をとても重視する先生もいるし,テストだけで判断するという先生もいます。そうすると,どう努力していけばよいのか本当に分かりにくいんです。」(中央教育審議会初等中等教育分科会教育課程部会 児童生徒の学習評価に関するワーキンググループ第7回における高等学校3年生の意見より)

　あくまでこれは一部の意見ですが, 学習評価に対する児童生徒のこうした意見には, 適切な評価を求める切実な思いが込められています。そのような児童生徒の声に応えるためにも,教師は, 児童生徒への学習状況のフィードバックや, 授業改善に生かすという評価の機能を一層充実させる必要があります。教師と児童生徒が共に納得する学習評価を行うためには, 評価規準を適切に設定し,評価の規準や方法について, 教師と児童生徒及び保護者で共通理解を図るガイダンス的な機能と, 児童生徒の自己評価と教師の評価を結び付けていくカウンセリング的な機能を充実させていくことが重要です。

*Column*

# 学習評価の基本構造

　平成29年改訂で，学習指導要領の目標及び内容が資質・能力の三つの柱で再整理されたことを踏まえ，各教科における観点別学習状況の評価の観点については，「知識・技能」，「思考・判断・表現」，「主体的に学習に取り組む態度」の3観点に整理されています。

「学びに向かう力，人間性等」には
①「主体的に学習に取り組む態度」として観点別評価（学習状況を分析的に捉える）を通じて見取ることができる部分と，
②観点別評価や評定にはなじまず，こうした評価では示しきれないことから個人内評価を通じて見取る部分があります。

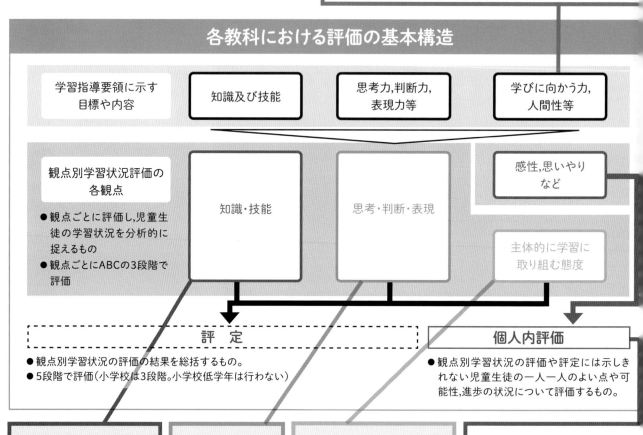

## 各教科における評価の基本構造

| 学習指導要領に示す目標や内容 | 知識及び技能 | 思考力,判断力,表現力等 | 学びに向かう力,人間性等 |
|---|---|---|---|

**観点別学習状況評価の各観点**
- 観点ごとに評価し，児童生徒の学習状況を分析的に捉えるもの
- 観点ごとにABCの3段階で評価

| 知識・技能 | 思考・判断・表現 | 感性,思いやりなど |
|---|---|---|
| | | 主体的に学習に取り組む態度 |

**評定**
- 観点別学習状況の評価の結果を総括するもの。
- 5段階で評価（小学校は3段階。小学校低学年は行わない）

**個人内評価**
- 観点別学習状況の評価や評定には示しきれない児童生徒の一人一人のよい点や可能性,進歩の状況について評価するもの。

　各教科等における学習の過程を通した知識及び技能の習得状況について評価を行うとともに，それらを既有の知識及び技能と関連付けたり活用したりする中で，他の学習や生活の場面でも活用できる程度に概念等を理解したり，技能を習得したりしているかを評価します。

　各教科等の知識及び技能を活用して課題を解決する等のために必要な思考力，判断力，表現力等を身に付けているかどうかを評価します。

　知識及び技能を獲得したり，思考力，判断力，表現力等を身に付けたりするために，自らの学習状況を把握し，学習の進め方について試行錯誤するなど自らの学習を調整しながら，学ぼうとしているかどうかという意思的な側面を評価します。

　個人内評価の対象となるものについては，児童生徒が学習したことの意義や価値を実感できるよう，日々の教育活動等の中で児童生徒に伝えることが重要です。特に，「学びに向かう力,人間性等」のうち「感性や思いやり」など児童生徒一人一人のよい点や可能性,進歩の状況などを積極的に評価し児童生徒に伝えることが重要です。

　詳しくは，平成31年1月21日文部科学省中央教育審議会初等中等教育分科会教育課程部会「児童生徒の学習評価の在り方について（報告）」をご覧ください。
（http://www.mext.go.jp/b_menu/shingi/chukyo/chukyo3/004/gaiyou/1412933.htm）

# 特別の教科 道徳, 外国語活動, 総合的な学習の時間及び特別活動の評価について

特別の教科 道徳, 外国語活動(小学校のみ), 総合的な学習の時間, 特別活動についても, 学習指導要領で示したそれぞれの
標や特質に応じ, 適切に評価します。なお, 道徳科の評価は, 入学者選抜の合否判定に活用することのないようにする必要が
ります。

## 特別の教科 道徳(道徳科)

児童生徒の人格そのものに働きかけ, 道徳性を養うことを目標とする道徳科の評価としては, 観点別評価は妥当ではありません。授業において
童生徒に考えさせることを明確にして, 「道徳的諸価値についての理解を基に, 自己を見つめ, 物事を(広い視野から)多面的・多角的に考え,
己の(人間としての)生き方についての考えを深める」という学習活動における児童生徒の具体的な取組状況を, 一定のまとまりの中で, 児童
徒が学習の見通しを立てたり学習したことを振り返ったりする活動を適切に設定しつつ, 学習活動全体を通して見取ります。

## 外国語活動(小学校のみ)

評価の観点については, 学習指導要
に示す「第1目標」を踏まえ, 右の表
参考に設定することとしています。
の3つの観点に則して児童の学習
況を見取ります。

| 知識・技能 | 思考・判断・表現 | 主体的に学習に取り組む態度 |
|---|---|---|
| ●外国語を通して, 言語や文化について体験的に理解を深めている。<br>●日本語と外国語の音声の違い等に気付いている。<br>●外国語の音声や基本的な表現に慣れ親しんでいる。 | 身近で簡単な事柄について, 外国語で聞いたり話したりして自分の考えや気持ちなどを伝え合っている。 | 外国語を通して, 言語やその背景にある文化に対する理解を深め, 相手に配慮しながら, 主体的に外国語を用いてコミュニケーションを図ろうとしている。 |

## 総合的な学習の時間

評価の観点については, 学習指導要
に示す「第1目標」を踏まえ, 各学校
おいて具体的に定めた目標, 内容に
ついて, 右の表を参考に定めること
ています。この3つの観点に則して
童生徒の学習状況を見取ります。

| 知識・技能 | 思考・判断・表現 | 主体的に学習に取り組む態度 |
|---|---|---|
| 探究的な学習の過程において, 課題の解決に必要な知識や技能を身に付け, 課題に関わる概念を形成し, 探究的な学習のよさを理解している。 | 実社会や実生活の中から問いを見いだし, 自分で課題を立て, 情報を集め, 整理・分析して, まとめ・表現している。 | 探究的な学習に主体的・協働的に取り組もうとしているとともに, 互いのよさを生かしながら, 積極的に社会に参画しようとしている。 |

## 特別活動

特別活動の特質と学校の創意工夫を生かすということから, 設置者ではなく, 各学校が評価の観点を定めることとしています。
の際, 学習指導要領に示す特別活動の目標や学校として重点化した内容を踏まえ, 例えば以下のように, 具体的に観点を示す
とが考えられます。

| 特別活動の記録 | | | | | | | | |
|---|---|---|---|---|---|---|---|---|
| 内容 | 観点 | 学年 | 1 | 2 | 3 | 4 | 5 | 6 |
| 学級活動 | よりよい生活を築くための知識・技能 | | ○ | | ○ | ○ | ○ | |
| 児童会活動 | 集団や社会の形成者としての思考・判断・表現 | | | ○ | ○ | | ○ | |
| クラブ活動 | 主体的に生活や人間関係をよりよくしようとする態度 | | | | | ○ | | |
| 学校行事 | | | | ○ | | ○ | ○ | |

各学校で定めた観点を記入した上で, 内容ごとに, 十分満足できる状況にあると判断される場合に, ○印を記入します。

○印をつけた具体的な活動の状況等については, 「総合所見及び指導上参考となる諸事項」の欄に簡潔に記述することで, 評価の根拠を記録に残すことができます。

小学校児童指導要録(参考様式)様式2の記入例(5年生の例)

なお, 特別活動は学級担任以外の教師が指導する活動が多いことから, 評価体制を確立し, 共通理解を図って, 児童生徒の
さや可能性を多面的・総合的に評価するとともに, 確実に資質・能力が育成されるよう指導の改善に生かすことが求められます。

# 観点別学習状況の評価について

　観点別学習状況の評価とは，学習指導要領に示す目標に照らして，その実現状況がどのようなものであるかを，観点ごとに評価し，児童生徒の学習状況を分析的に捉えるものです。

## ▌「知識・技能」の評価の方法

　「知識・技能」の評価の考え方は，従前の評価の観点である「知識・理解」，「技能」においても重視してきたところです。具体的な評価方法としては，例えばペーパーテストにおいて，事実的な知識の習得を問う問題と，知識の概念的な理解を問う問題とのバランスに配慮するなどの工夫改善を図る等が考えられます。また，児童生徒が文章による説明をしたり，各教科等の内容の特質に応じて，観察・実験をしたり，式やグラフで表現したりするなど実際に知識や技能を用いる場面を設けるなど，多様な方法を適切に取り入れていくこと等も考えられます。

## ▌「思考・判断・表現」の評価の方法

　「思考・判断・表現」の評価の考え方は，従前の評価の観点である「思考・判断・表現」においても重視してきたところです。具体的な評価方法としては，ペーパーテストのみならず，論述やレポートの作成，発表，グループや学級における話合い，作品の制作や表現等の多様な活動を取り入れたり，それらを集めたポートフォリオを活用したりするなど評価方法を工夫することが考えられます。

## ▌「主体的に学習に取り組む態度」の評価の方法

　具体的な評価方法としては，ノートやレポート等における記述，授業中の発言，教師による行動観察や，児童生徒による自己評価や相互評価等の状況を教師が評価を行う際に考慮する材料の一つとして用いることなどが考えられます。その際，各教科等の特質に応じて，児童生徒の発達の段階や一人一人の個性を十分に考慮しながら，「知識・技能」や「思考・判断・表現」の観点の状況を踏まえた上で，評価を行う必要があります。

## 「主体的に学習に取り組む態度」の評価のイメージ

○「主体的に学習に取り組む態度」の評価については,①知識及び技能を獲得したり,思考力,判断力,表現力等を身に付けたりすることに向けた粘り強い取組を行おうとする側面と,②①の粘り強い取組を行う中で,自らの学習を調整しようとする側面,という二つの側面から評価することが求められる。

○これら①②の姿は実際の教科等の学びの中では別々ではなく相互に関わり合いながら立ち現れるものと考えられる。例えば,自らの学習を全く調整しようとせず粘り強く取り組み続ける姿や,粘り強さが全くない中で自らの学習を調整する姿は一般的ではない。

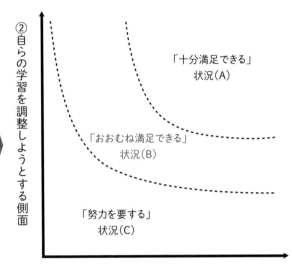

ここでの評価は,その学習の調整が「適切に行われるか」を必ずしも判断するものではなく,学習の調整が知識及び技能の習得などに結びついていない場合には,教師が学習の進め方を適切に指導することが求められます。

## 「自らの学習を調整しようとする側面」とは…

自らの学習状況を把握し,学習の進め方について試行錯誤するなどの意思的な側面のことです。評価に当たっては,児童生徒が自らの理解の状況を振り返ることができるような発問の工夫をしたり,自らの考えを記述したり話し合ったりする場面,他者との協働を通じて自らの考えを相対化する場面を,単元や題材などの内容のまとまりの中で設けたりするなど,「主体的・対話的で深い学び」の視点からの授業改善を図る中で,適切に評価できるようにしていくことが重要です。

### コラム

「主体的に学習に取り組む態度」は,「関心・意欲・態度」と同じ趣旨ですが…
## ～こんなことで評価をしていませんでしたか？～

平成31年1月21日文部科学省中央教育審議会初等中等教育分科会教育課程部会「児童生徒の学習評価の在り方について(報告)」では,学習評価について指摘されている課題として,「関心・意欲・態度」の観点について「学校や教師の状況によっては,挙手の回数や毎時間ノートを取っているかなど,性格や行動面の傾向が一時的に表出された場面を捉える評価であるような誤解が払拭し切れていない」ということが指摘されました。これを受け,従来から重視されてきた各教科等の学習内容に関心をもつことのみならず,よりよく学ぼうとする意欲をもって学習に取り組む態度を評価するという趣旨が改めて強調されました。

*Column*

# 学習評価の充実

## 学習評価の妥当性, 信頼性を高める工夫の例

- 評価規準や評価方法について,事前に教師同士で検討するなどして明確にすること,評価に関する実践事例を蓄積し共有していくこと,評価結果についての検討を通じて評価に係る教師の力量の向上を図ることなど,学校として組織的かつ計画的に取り組む。

- 学校が児童生徒や保護者に対し,評価に関する仕組みについて事前に説明したり,評価結果について丁寧に説明したりするなど,評価に関する情報をより積極的に提供し児童生徒や保護者の理解を図る。

## 評価時期の工夫の例

- 日々の授業の中では児童生徒の学習状況を把握して指導に生かすことに重点を置きつつ,各教科における「知識・技能」及び「思考・判断・表現」の評価の記録については,原則として単元や題材などのまとまりごとに,それぞれの実現状況が把握できる段階で評価を行う。

- 学習指導要領に定められた各教科等の目標や内容の特質に照らして,複数の単元や題材などにわたって長期的な視点で評価することを可能とする。

## 学年や学校間の円滑な接続を図る工夫の例

- 「キャリア・パスポート」を活用し,児童生徒の学びをつなげることができるようにする。

- 小学校段階においては,幼児期の教育との接続を意識した「スタートカリキュラム」を一層充実させる。

- 高等学校段階においては,入学者選抜の方針や選抜方法の組合せ,調査書の利用方法,学力検査の内容等について見直しを図ることが考えられる。

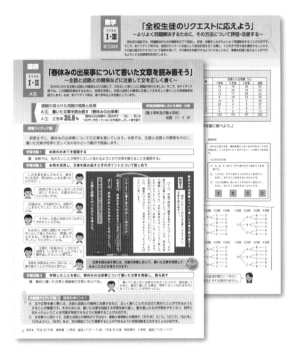

## 評価方法の工夫の例

### 全国学力・学習状況調査
### （問題や授業アイディア例）を参考にした例

平成19年度より毎年行われている全国学力・学習状況調査では，知識及び技能等を実生活の様々な場面に活用する力や，様々な課題解決のための構想を立て実践し評価・改善する力などに関わる内容の問題が出題されています。

全国学力・学習状況調査の解説資料や報告書，授業アイディア例を参考にテストを作成したり，授業を工夫したりすることもできます。

詳しくは，国立教育政策研究所Webページ「全国学力・学習状況調査」をご覧ください。
（http://www.nier.go.jp/kaihatsu/zenkokugakuryoku.html）

授業アイディア例

## コラム　　評価の方法の共有で働き方改革

ペーパーテスト等のみにとらわれず，一人一人の学びに着目して評価をすることは，教師の負担が増えることのように感じられるかもしれません。しかし，児童生徒の学習評価は教育活動の根幹であり，「カリキュラム・マネジメント」の中核的な役割を担っています。その際，助けとなるのは，教師間の協働と共有です。

評価の方法やそのためのツールについての悩みを一人で抱えることなく，学校全体や他校との連携の中で，計画や評価ツールの作成を分担するなど，これまで以上に協働と共有を進めれば，教師一人当たりの量的・時間的・精神的な負担の軽減につながります。風通しのよい評価体制を教師間で作っていくことで，評価方法の工夫改善と働き方改革にもつながります。

### 「指導と評価の一体化の取組状況」

A:学習評価を通じて，学習評価のあり方を見直すことや個に応じた指導の充実を図るなど，指導と評価の一体化に学校全体で取り組んでいる。

B:指導と評価の一体化の取組は，教師個人に任されている。

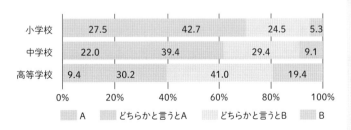

| | A | どちらかと言うとA | どちらかと言うとB | B |
|---|---|---|---|---|
| 小学校 | 27.5 | 42.7 | 24.5 | 5.3 |
| 中学校 | 22.0 | 39.4 | 29.4 | 9.1 |
| 高等学校 | 9.4 | 30.2 | 41.0 | 19.4 |

（平成29年度文部科学省委託調査「学習指導と学習評価に対する意識調査」より）

*Column*

# Q&A -先生方の質問にお答えします-

## Q1 1回の授業で，3つの観点全てを評価しなければならないのですか。

**A.** 学習評価については，日々の授業の中で児童生徒の学習状況を適宜把握して指導の改善に生かすことに重点を置くことが重要です。したがって観点別学習状況の評価の記録に用いる評価については，毎回の授業ではなく原則として単元や題材などの内容や時間のまとまりごとに，それぞれの実現状況を把握できる段階で行うなど，その場面を精選することが重要です。

## Q2 「十分満足できる」状況（A）はどのように判断したらよいのですか。

**A.** 各教科において「十分満足できる」状況（A）と判断するのは，評価規準に照らし，児童生徒が実現している学習の状況が質的な高まりや深まりをもっていると判断される場合です。「十分満足できる」状況（A）と判断できる児童生徒の姿は多様に想定されるので，学年会や教科部会等で情報を共有することが重要です。

## Q3 指導要録の文章記述欄が多く，かなりの時間を要している現状を解決できませんか。

**A.** 本来，学習評価は日常の指導の場面で，児童生徒本人へフィードバックを行う機会を充実させるとともに，通知表や面談などの機会を通して，保護者との間でも評価に関する情報共有を充実させることが重要です。このため，指導要録における文章記述欄については，例えば，「総合所見及び指導上参考となる諸事項」については，要点を箇条書きとするなど，必要最小限のものとなるようにしました。また，小学校第3学年及び第4学年における外国語活動については，記述欄を簡素化した上で，評価の観点に即して，児童の学習状況に顕著な事項がある場合などにその特徴を記入することとしました。

## Q4 評定以外の学習評価についても保護者の理解を得るにはどのようにすればよいのでしょうか。

**A.** 保護者説明会等において，学習評価に関する説明を行うことが効果的です。各教科等における成果や課題を明らかにする「観点別学習状況の評価」と，教育課程全体を見渡した学習状況を把握することが可能な「評定」について，それぞれの利点や，上級学校への入学者選抜に係る調査書のねらいや活用状況を明らかにすることは，保護者との共通理解の下で児童生徒への指導を行っていくことにつながります。

## Q5 障害のある児童生徒の学習評価について，どのようなことに配慮すべきですか。

**A.** 学習評価に関する基本的な考え方は，障害のある児童生徒の学習評価についても変わるものではありません。このため，障害のある児童生徒については，特別支援学校等の助言または援助を活用しつつ，個々の児童生徒の障害の状態等に応じた指導内容や指導方法の工夫を行い，その評価を適切に行うことが必要です。また，指導要録の通級による指導に関して記載すべき事項が個別の指導計画に記載されている場合には，その写しをもって指導要録への記入に替えることも可能としました。

文部科学省
国立教育政策研究所
NIER
National Institute for Educational Policy Research

令和元年6月
文部科学省　国立教育政策研究所教育課程研究センター
〒100-8951 東京都千代田区霞が関3丁目2番2号　TEL 03-6733-6833（代表）

# 「指導と評価の一体化」のための
# 学習評価に関する参考資料
# 【中学校　美術】

| | |
|---|---|
| 令和 2 年 6 月 27 日 | 初版発行 |
| 令和 6 年 4 月 15 日 | 8 版発行 |

著作権所有　　　　　国立教育政策研究所
　　　　　　　　　　教育課程研究センター

発 行 者　　　　　　東京都千代田区神田錦町 2 丁目 9 番 1 号
　　　　　　　　　　コンフォール安田ビル 2 階
　　　　　　　　　　株式会社　東洋館出版社
　　　　　　　　　　代表者　錦織　圭之介

印 刷 者　　　　　　大阪市住之江区中加賀屋 4 丁目 2 番 10 号
　　　　　　　　　　岩岡印刷株式会社

発 行 所　　　　　　東京都千代田区神田錦町 2 丁目 9 番 1 号
　　　　　　　　　　コンフォール安田ビル 2 階
　　　　　　　　　　株式会社　東洋館出版社
　　　　　　　　　　電話　03-6778-4343

ISBN978-4-491-04137-7　　　　　定価：本体 1,100 円
　　　　　　　　　　　　　　　　　　（税込 1,210 円）税 10％